上海市工程建设规范

农村公路建设与养护技术标准

Technical standard for rural highway construction and maintenance

DG/TJ 08—2067—2022

J 11539—2022

主编单位：上海市道路运输事业发展中心

上海箴欣道路工程设计咨询有限公司

批准部门：上海市住房和城乡建设管理委员会

施行日期：2022 年 6 月 1 日

同济大学出版社

2022　上海

图书在版编目(CIP)数据

农村公路建设与养护技术标准 / 上海市道路运输事业发展中心，上海箴欣道路工程设计咨询有限公司主编. —上海：同济大学出版社，2022.12

ISBN 978-7-5765-0461-3

Ⅰ. ①农… Ⅱ. ①上… ②上… Ⅲ. ①农村道路—道路建设—技术标准—上海 ②农村道路—公路养护—技术标准—上海 Ⅳ. ①U412.36-65

中国版本图书馆 CIP 数据核字(2022)第 208428 号

农村公路建设与养护技术标准

上海市道路运输事业发展中心
上海箴欣道路工程设计咨询有限公司 **主编**

责任编辑 朱 勇
责任校对 徐春莲
封面设计 陈益平

出版发行 同济大学出版社 www.tongjipress.com.cn
(地址：上海市四平路 1239 号 邮编：200092 电话：021－65985622)
经 销 全国各地新华书店
印 刷 浦江求真印务有限公司
开 本 889mm×1194mm 1/32
印 张 4.5
字 数 121 000
版 次 2022 年 12 月第 1 版
印 次 2022 年 12 月第 1 次印刷
书 号 ISBN 978-7-5765-0461-3
定 价 45.00 元

上海市住房和城乡建设管理委员会文件

沪建标定〔2022〕68号

上海市住房和城乡建设管理委员会
关于批准《农村公路建设与养护技术标准》
为上海市工程建设规范的通知

各有关单位：

由上海市道路运输事业发展中心和上海箴欣道路工程设计咨询有限公司主编的《农村公路建设与养护技术标准》，经我委审核，现批准为上海市工程建设规范，统一编号为DG/TJ 08—2067—2022，自2022年6月1日起实施。原《农村公路建设与养护技术规范》DG/TJ 08—2067—2009同时废止。

本标准由上海市住房和城乡建设管理委员会负责管理，上海市道路运输事业发展中心负责解释。

上海市住房和城乡建设管理委员会

二〇二二年一月二十六日

前　言

根据上海市住房和城乡建设管理委员会《关于印发〈2019年上海市工程建设规范、建筑标准设计编制计划〉的通知》(沪建标定〔2018〕753号)的要求,编制组经广泛调查研究,认真总结实践经验,参考国家和行业相关技术标准规范,并在广泛征求意见的基础上,对上海市工程建设规范《农村公路建设与养护技术规范》DG/TJ 08—2067—2009进行了修订。

本标准在修订中对原章节进行了调整,将上海市农村公路的建设、养护、技术管理、安全作业分别独立成章,并结合上位标准与上海市农村公路实际情况对相关内容进行了修订。修订后分为6章,主要内容为总则、术语、建设、养护、技术管理、安全作业。本次修订的主要内容有:

1. "3 建设"主要根据现行国家及行业标准进行修订,并参考了《上海市农村公路规划设计导则》相关内容。新增了"3.2 总体设计";"3.3 路线"补充了对行人和非机动车的慢行交通和路线交叉设计的要求,复核并修订了部分指标;"3.4 路基"补充了对拓宽路基和特殊路基的要求;"3.5 路面"补充了对改建路面结构的要求;新增了"3.6 排水";"3.7 桥涵"调整了设计荷载,对上、下部结构及附属结构提出了补充要求,增加了桥涵改扩建内容;"3.8 绿化工程和环境保护"修订了绿化保存率等部分指标,并增加了对环境保护的要求;"3.9 交通安全设施"补充了对标志、标线、护栏、视线诱导等交通安全设施的要求;新增了"3.10 沿线其他设施",增加了对公交停靠站、公路驿站、道班房等服务与管理设施的要求。

2. "4 养护"主要根据现行国家及行业标准与管理文件进行修订,按照日常养护与养护工程进行了区分。"4.3 路面"将原

“5.3 水泥混凝土路面”“5.4 沥青路面”与“5.2 路基”中的人行道内容合并，并补充了路面基层、掘路修复、旧料利用的相关要求；新增了“4.4 排水”；将原“5.7 其他附属设施”改为“4.7 交通安全设施”；新增了“4.8 沿线其他设施”“4.9 防灾与突发事件处置”。

3. “5 技术管理”，将原“4 建设工程验收”与“5.8 养护技术管理”合并并补充相关内容，对上海市农村公路建设与养护工程的工程验收、竣工档案管理和信息化管理进行了规定。

4. 新增了“6 安全作业”。

各单位及相关人员在执行本标准过程中，请注意总结经验、积累资料，并将有关意见和建议反馈至上海市道路运输事业发展中心（地址：上海市徐家汇路 579 号；邮编：200023；E-mail：shncglbz@163.com）或上海市建筑建材业市场管理总站（地址：上海市小木桥路 683 号；邮编：200032；E-mail：shgcbz@163.com），以供今后修订时参考。

主 编 单 位： 上海市道路运输事业发展中心
上海箴欣道路工程设计咨询有限公司

参 编 单 位： 上海市城市建设设计研究总院（集团）有限公司
同济大学
上海市浦东新区道路运输事业发展中心
上海市奉贤区交通建设管理中心

主要起草人员： 钱钟达 张 毅 王海荣 蔡 氧 范灵雨
（以下按姓氏笔画排序）
王云龙 王俊骅 卞达维 古晓松 卢佳祺
宁哲思 杨燕青 范筱洁 周 定 倪华敏
徐卫创 唐勤荣 章 聪 章 毅

主要审查人员： 赵建新 臧 健 盛玲莉 汪维恒 唐国荣
严林妹 杜 宇

上海市建筑建材业市场管理总站

目　次

Contents

1 总 则

1.0.1 为规范上海市农村公路工程建设与养护，完善农村公路技术标准，保障农村公路工程建设和养护质量，结合上海市实际，制定本标准。

1.0.2 本标准适用于上海市农村公路的新建和改扩建工程，以及已建农村公路的日常养护和养护工程。

1.0.3 农村公路建设与养护应遵循“安全耐久、因地制宜、经济适用、保护环境、节约资源、以人为本”的原则。

1.0.4 农村公路建设与养护鼓励采用新技术、新材料、新工艺、新设备，提高道路使用性能，提升农村公路建设与养护专业化、规范化、信息化和机械化水平。

1.0.5 农村公路建设与养护除应符合本标准的规定外，尚应符合国家、行业和上海市现行有关标准的规定。

2 术语

2.0.1 农村公路 rural highway

纳入农村公路规划，并按照公路工程技术标准修建的县道、乡道、村道及其所属设施。

2.0.2 县道 county road

除国道、省道以外的区际间公路以及连接区级人民政府所在地与镇（乡）级人民政府所在地和主要商品生产、集散地的公路。

2.0.3 乡道 township road

除县道及县道以上等级公路以外的镇（乡）际间公路以及连接镇（乡）级人民政府所在地与建制村的公路。

2.0.4 村道 village road

除乡道及乡道以上等级公路以外的连接建制村与建制村、建制村与自然村、建制村与外部的公路，但不包括村内街巷和农田间的机耕道。

2.0.5 错车道 crossing lane

在单车道道路上，可通视的一定距离内，供车辆交错避让用的一段加宽车道。

2.0.6 郊野段 road section through countryside

城市开发边界外，两侧是农用地、生态用地、零星农村宅基地的农村公路路段。

2.0.7 村庄段 road section through village

城市开发边界外，经过 30 户及以上农村居民点，且接壤长度不小于 300 m，一侧或两侧主要是农村宅基地、村级公共服务设施用地的农村公路路段。

2.0.8 城镇段 road section through urbanized area

穿越城市开发边界，一侧或两侧主要是城镇公共服务设施用地、工业用地、居住用地或其他城市建设用地的农村公路路段。

2.0.9 农村公路预防养护 preventive maintenance of rural highway

农村公路整体性能良好但有轻微损坏，为延缓性能衰减而采取的主动防护工程。

2.0.10 农村公路修复养护 repair of rural highway

农村公路出现损坏或部分丧失使用功能，为恢复技术状况而进行的功能性、结构性修复或定期更换工程。

2.0.11 农村公路应急养护 emergency maintenance of rural highway

在突发情况下造成农村公路损毁、中断、产生重大安全隐患等，为较快恢复农村公路安全通行能力而实施的应急性抢通、保通。

2.0.12 农村公路专项养护 special maintenance of rural highway

为恢复、保持或提升公路服务功能而集中实施的完善增设、加固改造、拆除重建、灾后恢复等工程。

2.0.13 公路驿站 highway service station

为车辆提供停车和为用路者提供饮水、如厕、休息等基本服务的公路服务设施。

2.0.14 公交停靠站 passenger transport stop

公共交通线路上中途停靠的位置，以供乘客安全上、下车而设的一种公共服务设施。

3 建设

3.1 一般规定

3.1.1 农村公路建设应与农村公路规划、乡村规划相结合。

3.1.2 农村公路技术等级应符合下列规定：

1 新建及改扩建县道不应低于二级公路标准，受限路段经论证后可适当降低标准。

2 新建及改扩建乡道不应低于三级公路标准，受限路段经论证后可适当降低标准。

3 新建及改扩建村道不应低于四级公路标准。

3.1.3 采用三级、四级公路标准新建及改扩建的农村公路，应按本标准执行。采用二级公路及以上标准新建及改扩建的农村公路，应符合现行行业标准《公路工程技术标准》JTG B01 的相关规定。

3.1.4 农村公路所采用的设计车辆应符合下列规定：

1 机动车的设计车辆外廓尺寸应符合表 3.1.4-1 的规定；有特殊车辆通行需求时，应验算确定。

表 3.1.4-1 机动车设计车辆外廓尺寸

车辆类型	总长(m)	总宽(m)	总高(m)	前悬(m)	轴距(m)	后悬(m)
摩托车	2.5	1.0	2.25	/	/	/
三轮汽车	4.6	1.6	2.0	/	/	/
小客车	6.0	1.8	2.0	0.8	3.8	1.4
中型客车	7.0	2.3	3.0	1.0	4.0	2.0
大型客车	13.7	2.55	4.0	2.6	6.5+1.5	3.1

续表3.1.4-1

车辆类型	总长(m)	总宽(m)	总高(m)	前悬(m)	轴距(m)	后悬(m)
四轮低速货车	6.0	2.0	2.5	1.2	3.3	1.5
轻型载重汽车	6.0	2.0	2.5	1.1	3.4	1.5
中型载重汽车	8.0	2.5	4.0	1.5	4.5	2.0
重型载重汽车	12.0	2.5	4.0	1.5	6.5	4.0

2　非机动车的设计车辆外廓尺寸应符合表 3.1.4-2 的规定。

表 3.1.4-2　非机动车设计车辆外廓尺寸

车辆类型	总长(m)	总宽(m)	总高(m)
自行车	1.93	0.60	2.25
电动自行车	1.93	0.80	2.25
三轮车	3.40	1.25	2.25

注:非机动车总高为骑车人骑在车上时头顶至地面的高度。

3.1.5　农村公路设计交通量预测年限及服务水平应符合下列规定:

1　三级公路的设计交通量预测年限为 15 年,四级公路为 10 年。预测年限的起算年为该项目可行性研究报告中的计划通车年。

2　设计采用的服务水平应符合表 3.1.5 规定。

表 3.1.5　设计服务水平

公路等级	三级公路	四级公路
服务水平	四级	/

3.1.6　各级新建或改扩建农村公路的设计速度应符合表 3.1.6 的规定。

表 3.1.6 设计速度

公路等级	三级公路		四级公路		
设计速度(km/h)	40	30	30	20	15

注：15 km/h 的设计速度仅适用于交通组成中无大型、重型车辆，且年平均日设计交通量不大于 1 000 辆小客车的农村公路。

3.1.7 农村公路限制速度应根据设计速度、运行速度及路侧干扰与环境等因素综合论证确定。

3.1.8 农村公路建筑限界应符合下列规定：

1 各级农村公路的建筑限界应符合图 3.1.8 的规定。

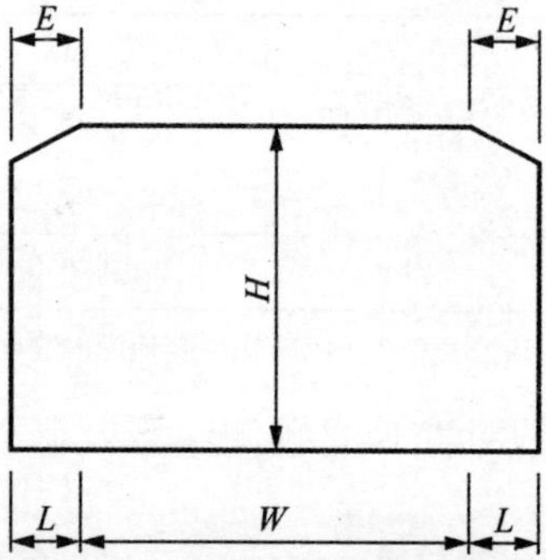

W—行车道宽度；L—侧向宽度，三级、四级公路侧向宽度为路肩宽度减去 0.25 m，设置护栏时应根据护栏需要的宽度加宽路基；H—净空高度；E—建筑限界左顶角宽度，当 $L \leqslant 1$ m 时 $E=L$，当 $L>1$ m 时 $E=1$ m。

图 3.1.8 建筑限界

2 设置错车道路段的车行道宽度应包括车道及错车道部分的宽度。

3 三级、四级公路的净高应不小于 4.50 m。

4 人行道、非机动车道与行车道分开设置时，其净高应不小于 2.50 m。

5 不同净空高度的路基、桥梁、下立交相互衔接处，其建筑限界应按过渡段处理。

3.1.9 农村公路防灾减灾应符合下列规定：

1 灾害防治应遵循“预防为主、防治结合”的原则。农村公路线位不宜设在自然灾害易发区；当不能避开时，应采取综合处治措施。

2 上海市抗震设防烈度为7度，地震动峰值加速度为0.1g，农村公路工程应进行抗震设计。

3.1.10 公路用地范围应符合《上海市公路管理条例》的相关规定。

3.2 总体设计

3.2.1 农村公路应根据功能定位、服务对象、交通特性、沿线区域规划和建设条件，确定其技术等级和设计标准。

3.2.2 农村公路宜协调好人、车、路之间的关系，创造有序、畅通的通行环境。充分调研行人与非机动车出行需求，协同布置公路断面及路域空间。

3.2.3 农村公路应注重路域协调，统筹沿线田、水、林、村的分布和特点。从色彩、质感、形态等方面综合考虑，实现公路与区域景观协调融合。

3.2.4 交通安全设施、防护工程设施、排水设施等应与主体工程同时设计、同时施工、同时投入使用。缺少以上设施的现有农村公路应通过养护工程逐步完善。

3.2.5 农村公路可设置公路驿站，因地制宜拓展公路服务功能，体现以人为本的设计理念。

3.2.6 农村公路附属设施在确保安全的基础上，鼓励使用节能措施和清洁能源，应用低影响开发理念。

3.2.7 农村公路宜充分利用工程旧料，节约资源，减少污染。

3.3 路 线

3.3.1 路线应符合下列规定：

1 路线设计应贯彻"因地制宜、量力而行、节约土地、保护环境、保证质量、注重安全"的原则。

2 路线设计应根据相应规划的要求和沿线的地形、地质、水文条件，综合考虑平、纵、横要素，合理选用技术指标，保持线形连续、协调、均衡。满足行车安全需要，并宜与周边自然环境和景观相协调。

3.3.2 横断面应符合下列规定：

1 三级公路应采用双车道。四级公路宜采用双车道，年平均日设计交通量在 400 辆小客车以下时可采用单车道。

2 车道宽度根据设计速度确定，应符合表 3.3.2-1 的规定。单车道时，车道宽度应采用 3.50 m。

表 3.3.2-1 车道宽度

设计速度(km/h)	40	30	20	15
车道宽度(m)	3.50	3.25	3.00	3.00

3 四级公路路基宽度采用单车道时，应设置错车道。错车道宜保持通视，每公里设置不宜少于 3 处；对于不通视路段，间距不宜大于 200 m。错车道平面布置如图 3.3.2 所示，路段尺寸应符合表 3.3.2-2 的规定。

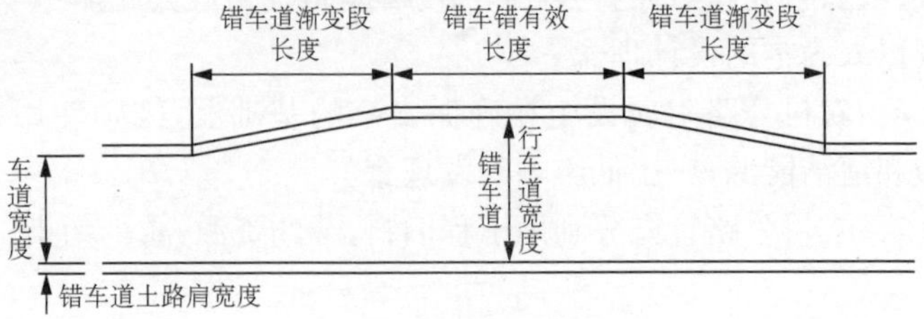

图 3.3.2 错车道平面布置

表 3.3.2-2　错车道路段尺寸

错车道行车道宽度(m)	6
错车道路肩宽度(m)	0.25
错车道有效长度(m)	10
每端错车道渐变段长度(m)	9

4　土路肩宽度根据设计速度确定,应符合表 3.2.2-3 规定。

表 3.3.2-3　土路肩宽度

设计速度(km/h)	40	30	20	15
土路肩宽度(m)	0.75	0.50	0.25(双车道) 0.50(单车道)	

5　郊野段可不设置人行道。经过零星农村宅基地的路段,宜硬化路肩用于行人通行,宽度不应小于 0.75 m。

6　村庄段可根据需要设置人行道和非机动车道。城镇段应设置人行道和非机动车道。

1) 人行道应满足行人通行的安全和顺畅,最小有效宽度不应小于 1.5 m。

2) 一条非机动车道最小宽度应符合表 3.3.2-4 的规定。非机动车专用道宽度应包括车道宽度及两侧路缘带宽度。

3) 人行道、非机动车道合并设置时,有效宽度不应小于 3.5 m。

表 3.3.2-4　一条非机动车道最小宽度

车辆种类	自行车	电动自行车	三轮车
车道宽度(m)	1.0	1.5	2.0

7　双车道农村公路应采用双向路拱坡度,单车道农村公路应采用单向路拱坡度。路拱坡度应根据路面类型和当地自然条件确定,但不应小于 1.5%,一般不宜超过 2.5%。路肩横坡应比路面的路拱坡度大 1.0%。

3.3.3 平面应符合下列规定：

1 平面线形由直线、圆曲线、缓和曲线组成，缓和曲线应采用回旋线；四级公路的缓和曲线可采用直线代替，但应满足设置超高和加宽缓和段的最小长度规定。

2 受地形条件或其他特殊情况限制而采用长直线时，应结合沿线具体情况采取相应的技术措施。

3 公路平面不论转角大小，均应设置与设计速度相适应的圆曲线。圆曲线最小半径和最小长度应符合表 3.3.3-1 的规定；受限路段可采用极限值。

表 3.3.3-1 圆曲线的最小半径和最小长度

设计速度(km/h)		40	30	20	15
圆曲线最小半径(m)	一般值	100	65	30	20
	极限值(I_{max}=4%)	65	40	20	15
	极限值(I_{max}=6%)	60	35	15	15
不设超高的圆曲线最小半径(m)		600	350	150	100
平曲线最小长度(m)	一般值	200	150	100	70
	极限值	70	50	40	30

注：“一般值”为正常情况下的采用值；“极限值”为条件受限时可采用的值；“I_{max}”为采用的最大超高值。

4 三级公路的直线同小于表 3.3.3-1 规定的不设超高圆曲线最小半径径向相连接处，应设置回旋线。四级公路的直线同小于表 3.3.3-1 规定的不设超高圆曲线最小半径径向相连接处，可不设置回旋线，但应设置超高、加宽过渡段。回旋线的最小长度应符合表 3.3.3-2 的规定。

表 3.3.3-2 回旋线的最小长度

设计速度(km/h)	40	30	20	15
回旋线最小长度(m)	35	25	20	15

5 圆曲线半径小于表 3.3.3-1 规定的不设超高圆曲线最小半径时，应在曲线上设置超高。超高横坡度应根据设计速度、圆曲线半径、路面类型、自然条件和车辆组成等情况确定；必要时，应按运行速度予以验算。

1） 农村公路郊野段穿越农田、河渠规整的平坦地区时，最大超高值不应大于 4%。农村公路村庄段、城镇段，最大超高不应大于 2%。受限路段的圆曲线最大超高值不应大于 6%。

2） 最小超高值应与直线部分的正常路拱坡度值一致。

6 当路拱横坡度发生变化时，必须设置超高过渡段。其超高渐变率应根据旋转轴的位置按表 3.3.3-3 确定。

表 3.3.3-3 超高渐变率

设计速度(km/h)	超高旋转轴位置	
	中线	边线
40	1/150	1/100
30	1/125	1/75
20	1/100	1/50
15	1/75	1/25

超高过渡宜在回旋线全长范围内进行，宜采用线性过渡方式。当回旋线较长时，其超高过渡段应设在回旋线的某一区段范围内，超高过渡段的纵向渐变率不得小于 1/330，全超高断面宜设在缓圆点或圆缓点处。

7 停车视距、会车视距和超车视距应符合表 3.3.3-4 的规定。

表 3.3.3-4 停车视距、会车视距和超车视距

设计速度(km/h)	40	30	20	15
停车视距(m)	40(50)	30(35)	20	15

续表3.3.3-4

设计速度(km/h)		40	30	20	15
会车视距(m)		80	60	40	30
超车视距(m)	一般值	200	150	100	80
	最小值	150	100	70	50

注:大型车比例较高的三级公路,应采用括号内的停车视距对相关路段进行检验。

8 平面交叉范围内平面交叉转弯曲线应根据车辆转弯行迹确定,转弯路面内缘应设置与设计速度相适应的圆曲线。

9 圆曲线半径小于或等于250 m时,应在圆曲线的内侧设置路面加宽。路面加宽后,路基也应相应加宽。双车道公路路面加宽值应符合表3.3.3-5的规定,单车道公路路面加宽值应为表列规定值的一半。

表3.3.3-5 双车道公路路面加宽值(m)

加宽类别	设计车辆	圆曲线半径(m)								
		200～250	150～200	100～150	70～100	50～70	30～50	25～30	20～25	15～20
第1类	小客车	0.4	0.5	0.6	0.7	0.9	1.3	1.5	1.8	2.2
第2类	载重汽车	0.6	0.7	0.9	1.2	1.5	2.0	/	/	/

10 设置回旋线或超高过渡段时,加宽过渡段长度应采用与回旋线或超高过渡段长度相同的数值。不设回旋线或超高过渡段时,加宽过渡段长度应按渐变率为1∶15且长度不小于10 m的要求设置。加宽过渡应在加宽过渡段全长范围内,按其长度成比例增加的方式设置。

3.3.4 纵断面应符合下列规定:

1 最大纵坡及最小坡长应符合表3.3.4-1的规定。

表 3.3.4-1　最大纵坡及最小坡长

设计速度(km/h)	40	30	20	15
最大纵坡(%)	7	8	9	9
最小坡长(m)	120	100	60	45

2　大、中桥上的纵坡不宜大于 4%,桥头引道纵坡不宜大于 5%,引道紧接桥头部分的线形应与桥上线形相配合。农村公路村庄段、城镇段,行人或非机动车交通繁忙处的桥梁,桥上及桥头引道纵坡均不应大于 3%。

交叉口范围内的纵坡不宜大于 2%,受限路段不应大于 3%。

3　不同纵坡坡度的最大坡长应符合表 3.3.4-2 的规定。

表 3.3.4-2　不同纵坡坡度的最大坡长(m)

设计速度(km/h)		40	30	20	15
纵坡坡度(%)	4	1 100	1 100	1 200	/
	5	900	900	1 000	1 100
	6	700	700	800	900
	7	500	500	600	700
	8	300	300	400	500
	9	/	200	300	400

4　连续上、下坡路段,在不大于表 3.3.4-2 规定的纵坡长度之间设置缓和坡段,缓和坡段的纵坡不应大于 3%。缓和坡段的长度应大于表 3.3.4-1 的规定。

5　在设超高的平面曲线上,超高与纵坡的合成坡度值不应大于 10%。

6　公路纵坡不宜小于 0.3%。最小合成坡度不宜小于 0.5%。

7 纵坡变更处应设置竖曲线，竖曲线宜采用圆曲线。竖曲线最小半径与竖曲线长度应符合表 3.3.4-3 的规定；受限路段可采用极限值。

表 3.3.4-3 竖曲线最小半径与竖曲线长度

设计速度(km/h)		40	30	20	15
凸形曲线最小半径(m)	一般值	700	400	200	100
	极限值	450	250	100	60
凹形曲线最小半径(m)	一般值	700	400	200	100
	极限值	450	250	100	60
竖曲线最小长度(m)	一般值	90	60	50	40
	极限值	35	25	20	15

8 布置有专用路权的非机动车道时，宜按非机动车骑行的设计纵坡控制。非机动车道纵坡应小于 3.5％；当非机动车道纵坡大于或等于 2.5％时，其最大坡长应符合表 3.3.4-4 的规定。

表 3.3.4-4 非机动车道最大坡长

纵坡(％)	一般值(m)	极限值(m)
3.5	150	200
3.0	200	250
2.5	300	350

注：非机动车中电动自行车占比超过 70％时，纵坡可增加 0.5％，最大坡长按一般值控制。

3.3.5 路线交叉应符合下列规定：

1 农村公路与各等级公路相交时，应根据地形条件、被交叉公路的技术等级、交叉设计原则，选择合理的交叉方式。农村公路与各被交叉公路设置平面交叉时，应符合表 3.3.5-1 的规定，并符合相交公路最小间距及交通管理方式要求。

表 3.3.5-1　平面交叉的设置要求

被交叉公路	一级公路（干线）	一级公路（集散）	二级公路（干线）	二级公路（集散）	三级公路 四级公路
平面交叉设置要求	严格限制	限制	限制	允许	允许

2　两相交公路间，由各自停车视距所组成的三角区内不得存在任何有碍通视的物体，如图 3.3.5-1 所示。具体标准应符合表 3.3.5-2 规定。

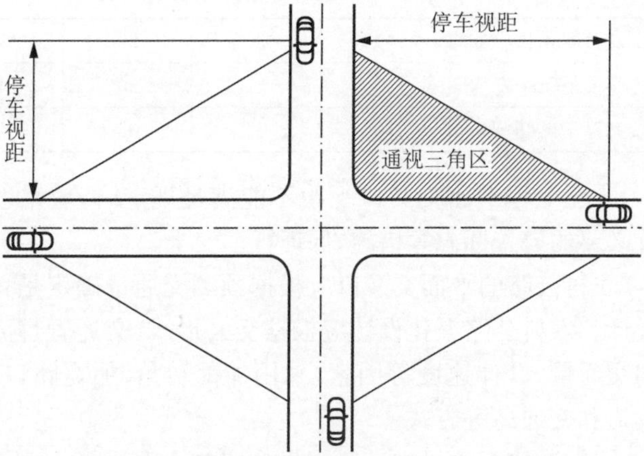

图 3.3.5-1　通视三角区

表 3.3.5-2　停车视距及范围内凸形竖曲线最小半径

设计速度(km/h)	40	30	20	15
停车视距(m)	40	30	20	15
凸形竖曲线最小半径(m)	700	400	200	100

3　条件受限制不能保证由停车视距所构成的通视三角区时，应保证主要公路的安全交叉停车视距和次要公路至主要公路边车道中心线 5 m～7 m 所组成的通视三角区，如图 3.3.5-2 所示。安全交叉停车视距值应符合表 3.3.5-3 的规定。

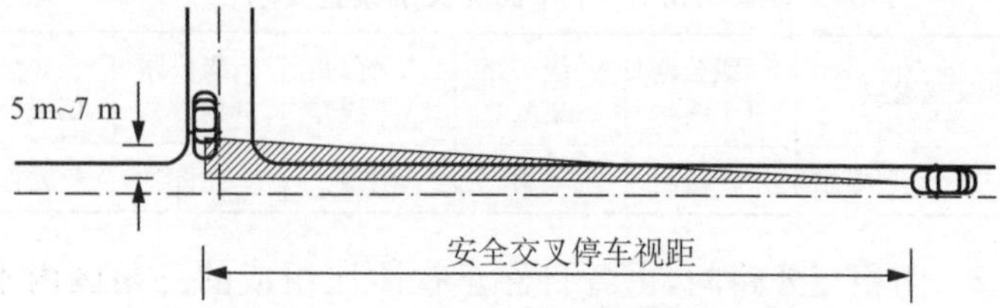

图 3.3.5-2 安全交叉停车视距通视三角区

表 3.3.5-3 安全交叉停车视距

设计速度(km/h)	40	30	20	15
停车视距(m)	40	30	20	15
安全交叉停车视距(m)	70	55	35	25

4 改建工程平面交叉口视距不能满足规定时,应采取限速并设置必要的警告标志等措施,保证行车安全。

5 农村公路的平面交叉口应根据预测交通量确定是否进行渠化设计。农村公路渠化设计应根据交叉形式、交通管理方式以及转向交通量、设计速度等因素,采用加铺转角、加宽路口、设置转弯车道和交通岛等方式。

6 无铺装路面的村内道路或机耕路与水泥混凝土或沥青路面公路交叉时,距被交路边线 10 m～20 m 范围内应铺装相应路面。

7 采用立体交叉时,应充分利用既有通道和桥梁进行穿越。地形条件容许时,可设置为简易互通式立交。

8 新建工程通道净空应符合本标准对公路建筑限界的规定。当改建工程利用既有通道下穿公路、铁路等工程净空不符合要求时,应设置限高、限宽设施及绕行指路标志。

9 沿路地块出入口距离交叉路缘线切点不应小于 20 m。

10 对于村镇入口处交通量较低的交叉口,可设置环岛降低车辆进入村镇的速度。相交公路交通量均衡、用地条件允许且有一定景观要求的交叉口可设置环岛。单车道公路交叉口不宜设置环岛。环岛内应保证良好通视条件。

3.4 路 基

3.4.1 路基应符合下列规定：

1 路基应根据沿线的地形、地质、水文及自然环境等条件进行设计，应具有足够的强度、稳定性和耐久性；宜采用浅挖、低填的断面形式，应重视填挖均衡。

2 在满足最小填土高度的要求下，应合理降低路堤高度。

3 路基填筑材料应充分考虑再生材料，并能够便于施工，利于养护。

3.4.2 路基高度应符合下列规定：

1 路基高度设计，应使路肩边缘高出路基两侧地面积水高度，并应考虑地下水、毛细水的作用，不使其影响路基的强度和稳定性。

2 一般路基的边缘设计标高应高于两侧原地面 30 cm 左右；沿河及受水浸淹的路基边缘设计标高，应考虑潮水位的影响，增加 0.5 m 安全高度。

3.4.3 路基填料与压实应符合下列规定：

1 填方路基宜优先选用符合要求的工业废渣、建筑渣土及生活垃圾焚烧炉渣集料等再生材料。

2 填料的最大粒径应小于 150 mm；应分层铺筑，均匀压实。

3 路基应以路床顶面回弹模量为设计指标，以路床顶面竖向压应变为验算指标。路基在平衡温度状态下，路床顶面回弹模量不应低于现行行业标准《公路沥青路面设计规范》JTG D50 和《公路水泥混凝土路面设计规范》JTG D40 的相关规定。沥青路面路床顶面竖向压应变的计算值应满足沥青路面永久变形的控制要求。

4 路基填料最小强度和压实度应符合表3.4.3的规定。

表3.4.3 路基填料最小强度和压实度

路基部位		路面底面以下深度(m)	填料强度(CBR)(%)	压实度(%)
			三级、四级公路	三级、四级公路
填方路基	上路床	0～0.3	≥5	≥94
	下路床	0.3～0.8	≥3	≥94
	上路堤	0.8～1.5	≥3	≥93
	下路堤	1.5以下	≥2	≥90
零填及挖方路基	上路床	0～0.3	≥5	≥94
	下路床	0.3～0.8	≥3	/

5 当路基填料的CBR值达不到要求时,可采用换填、土质改良等措施。

3.4.4 路基防护和支挡应符合下列规定:

1 路基防护应针对不稳定的高边坡、易受冲刷的沿河路段等工点,采用设置挡土墙、护坡、护岸等工程防护或与植物防护相结合的综合防护措施,防止冲刷,保证路基稳定。

2 路基边坡宜采用植物防护;村庄段、城镇段宜采用挡土墙。

3.4.5 边坡与边沟应符合下列规定:

1 路基边坡坡度应为1∶1.2～1∶1.5。有条件的路基边坡应尽量采用缓坡,与原地貌融为一体,形成路侧缓冲地带。

2 边沟沟底纵坡宜与路线纵坡一致,并不宜小于0.3%。村庄段、城镇段和易冲刷路段的边沟宜采用钢筋混凝土预制槽(块)、浆砌片(卵)石、干砌片(卵)石等形式。

3.4.6 拓宽路基应符合下列规定:

1 为减少新老路之间的不均匀沉降,老路基可开挖台阶,分层填筑,台阶宽度不应小于1.0 m。

2 新老路基路拱坡度的工后增大值不应大于0.5%。

3　当新老路基结合部地质为软土或者拓宽路基为高填堤时，宜对地基采用换填、掺灰、就地固化等处理措施。

3.4.7　特殊路基应符合下列规定：

1　位于特殊土、不良地质或水文条件区域的路基，应采用有效的工程措施，以满足路基稳定性、工后沉降等设计技术要求。

2　浸水路基应采用压缩变形小、水稳性好的渗水性材料作填料。当渗水性材料较为缺乏时，路堤受水位浸泡的部位应采用渗水性材料填筑，水位以上部位可采用细粒土填筑。

3　吹填土路基宜为填方路基，当受高程条件限制采用挖方时，应结合水文地质条件控制超挖，并应回填渗水性填料或设置隔水断层。

3.5　路　面

3.5.1　路面应符合下列规定：

1　路面结构应根据交通量及其组成情况、使用功能，结合路基条件进行综合设计，保证路面结构具有足够的强度和稳定性，路面面层应满足平整和抗滑的要求。

2　路面结构设计应符合现行行业标准《公路沥青路面设计规范》JTG D50 和《公路水泥混凝土路面设计规范》JTG D40 的相关规定。

3　路面结构宜选用沥青路面，特殊情况下可选用水泥路面。

4　路面结构设计使用年限不应低于表 3.5.1 的要求。

5　应加强各类旧料在路面结构中的循环利用。

表 3.5.1　路面结构设计使用年限

设计使用年限	三级、四级公路
沥青路面	10
水泥路面	15

3.5.2 新建路面结构应符合下列规定：

1 新建路面结构组合形式应结合农村公路的行驶车辆特点、交通等级、设计年限内累计当量轴次等进行设计。

2 新建水泥混凝土路面应采用28 d弯拉强度不低于4.0 MPa(轻交通)、4.5 MPa(中等交通)和5.0 MPa(重交通)的水泥混凝土。

3 三级公路沥青路面的上面层宜采用改性沥青混合料。

4 中等以上交通荷载等级中面层沥青混凝土宜掺加抗车辙剂。

3.5.3 改扩建路面结构应符合下列规定：

1 应在对旧路面使用状况进行充分调查和分段评估基础上，分析路面损坏原因，结合工程经验确定适应预期交通荷载等级和使用性能要求的改建路面结构。

2 使用沥青混凝土加铺方案时，应符合下列要求：

1） 沥青加铺层可设单层或双层沥青面层，至少有一层采用密级配沥青混合料，可根据需要设置调平层，在路面边缘宜设置内部排水系统。

2） 沥青加铺层与原水泥混凝土面板之间宜洒布黏层油，加强层间结合，避免层间滑移。

3） 应根据气温、荷载、旧混凝土路面承载能力、接缝传荷能力等合理选用减缓反射裂缝的措施。

3.6 排　水

3.6.1 排水应符合下列规定：

1 郊野段排水设施应与沿线构造物通畅衔接，应注重与自然水系和农田水利设施相结合，注重环境保护，防止水土流失。

2 村庄段、城镇段应注重与村镇内排水设施的衔接。城镇段宜设置雨水口，采用管道排水的方式接入市政管网或就近河道。

3　应根据沿线气象、地形、地质、水文等自然条件进行设计，宜结合当地材料及经济情况选择合理形式。

4　排水设施尺寸应根据降水量、汇水面积、地形特点等计算确定，同时充分考虑清淤和通畅的需求。

5　不良地质路段应加强排水设计。

6　在满足排水功能前提下，有条件时，宜采用宽、浅形式的排水设施。

3.6.2　路面排水应符合下列规定：

1　路面排水包括路表排水和路面内部排水。

2　一般路段路表排水宜采用分散排水方式，冲刷相对严重路段宜采用集中排水方式。采用路面横向分散漫流方式排除路表水时，宜对土路肩及坡面进行加固。

3　路面边缘排水应根据不同的路面结构、土路肩加固形式及路堤边坡坡率，因地制宜地选用合适的路面边部构造，以利于路面结构排水。

3.6.3　路基排水应符合下列规定：

1　路基排水包括地表排水和地下排水。路基排水设计应根据沿线地形、水文及当地排灌系统等条件综合考虑，防、排、疏结合，合理设置边沟、排水沟等排水设施。

2　边沟、排水沟可采用浅碟形、三角形、梯形或矩形等横断面形式。地形平缓的低填浅挖路段宜采用浅碟形、三角形等形式；土质边沟可采用天然弧线形横断面。村庄段宜选择盖板边沟、暗埋式边沟等形式。

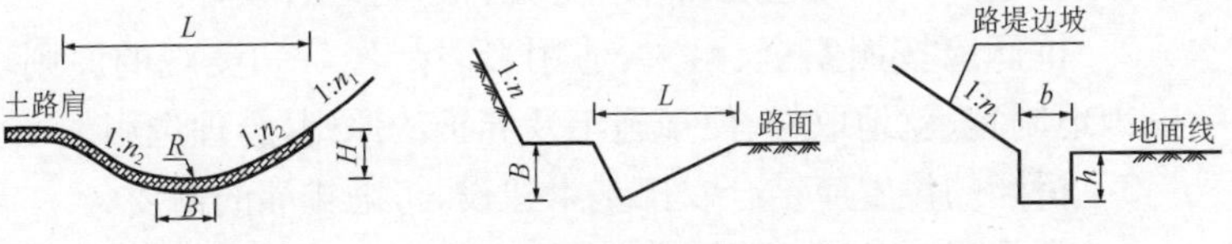

(a) 浅碟形　　(b) 三角形　　(c) 矩形

图 3.6.3　典型边沟或排水沟形式

3　边沟的纵坡坡度应结合路线纵坡、地形、土质、出水口位置等情况选定，宜与路线纵坡坡度一致，且宜小于 0.3%；困难情况下，不应小于 0.1%。

4　低填浅挖路段，当地下水位较高影响路基稳定时，应加大、加深边沟，采取拦截、排引、疏干、隔离等措施降低地下水影响，设置盲沟、渗沟（井）、暗沟等地下排水设施。

3.6.4　下立交排水系统应符合下列规定：

1　下立交应根据下挖深度和排水条件合理确定排水方案，避免因排水不畅对通行的影响。下立交有良好排水条件时，可只对构造物内路面和边沟进行铺砌，防止冲刷。

2　下立交在下挖段的上游端，可设置泄水口、排水沟等排水设施，拦截和引排上游方向的地表水，减少地表水流入下挖段。必要时可设置雨水棚引排降水。

3　当地下水位较高且下挖段汇集的水无法及时排出时，可采用水泵应急排水。易积水的重要农村公路下立交，应设置用于应急排水的泵站。水泵的型号和泵站的设计应按现行上海市工程建设规范《城镇排水泵站设计标准》DG/TJ 08—22 的相关规定执行。

3.7　桥　涵

3.7.1　桥涵应符合下列规定：

1　桥涵应根据公路功能、技术等级、通行能力及防灾减灾等要求，结合水文、地质、通航和环境等条件进行综合设计。

2　桥涵应按照安全、耐久、适用、环保、经济和美观的原则，考虑因地制宜、就地取材、便于施工及养护的原则，合理选用。

3　桥涵的设置应结合农田基本建设，考虑排灌的需要。

4　桥梁及其引道的平、纵、横技术指标应与线路总体协调。桥头两端引道的线形应与桥梁的线形相匹配。

5 桥面应设有完善的排水设施。对于位于水源保护地等环境敏感地区的桥梁，应进行专门的排水系统研究。

6 桥梁宜采用标准跨径、技术成熟的桥型。当桥涵跨径小于等于 50 m 时，宜采用现行行业标准《公路工程技术标准》JTG B01 规定的标准跨径。

7 改扩建工程应本着安全、经济的原则，合理利用既有桥梁结构。

8 桥涵应设置维修养护通道。

9 农村公路上跨高等级公路的通道桥，原则上应由高等级公路负责代为实施。

10 桥梁景观设计宜与桥梁所在地的自然景观和人文风貌协调统一。

3.7.2 桥涵位置应符合下列规定：

1 桥涵位置应选择在河道顺直、水流稳定、河床地质良好、河槽能通过大部分设计流量的河段。

2 当桥梁跨越河道、灌渠时，桥梁纵轴线宜与水流流向正交。桥涵规模应满足水务规划要求，不宜侵占河道。当桥梁斜交角度大于 30°且河道无法改移时，应调整公路线位或加大桥梁跨径。

3 为保证河道通畅，保障防汛安全和水环境质量，公路跨越河道应采用桥梁形式；若接坡确有困难，则宜采用箱涵形式，不宜采用管涵。一般情况，两个桥涵构筑物之间路堤长度不宜小于 50 m。

3.7.3 桥梁宽度应符合下列规定：

1 桥面净宽不应小于不含土路肩的路基宽度。不设置人行道的四级公路桥面净宽不应小于 4.5 m。

2 农村公路村庄段桥梁的人行道设置应根据需要而定，并应与前后路线布置协调。人行道与行车道之间，应设护栏或路缘石等分隔设施。人行道的宽度宜为 1.0 m；大于 1.0 m 时，按

0.5 m的级差增加。

3 农村公路城镇段桥梁宜在两侧设置人行道，人行道宽度不应小于1.5 m。大于1.5 m时，按照0.5 m的级差增加。

4 当桥梁单跨跨径大于40 m时，桥梁宽度应经专项论证确定。

5 桥上设置的各种管线、安全设施等不得侵入公路建筑限界。

3.7.4 桥下净空应符合下列规定：

1 河流上的桥梁，桥下净空应满足通航标准的要求及水务部门提供的梁底标高。

2 跨线桥的桥下净空应符合被交叉线路建筑限界的规定。

3.7.5 桥梁设计荷载应符合下列规定：

1 桥涵设计的汽车荷载等级不应低于公路-Ⅱ级。

2 桥梁设置人行道时应同时计入人群荷载。

1) 桥梁计算跨径小于或等于50 m时，人群荷载标准值应为3.0 kN/m^2；桥梁计算跨径大于或等于150 m时，人群荷载标准值应为2.5 kN/m^2；桥梁计算跨径大于50 m、小于150 m时，可由线性内插得到人群荷载标准值。跨径不等的连续结构，可采用最大计算跨径的人群荷载标准值。

2) 非机动车、行人密集的公路桥梁，人群荷载标准值应为上述标准值的1.15倍。

3) 专用人行桥梁，人群荷载标准值应为3.5 kN/m。

3.7.6 桥涵主体结构应符合下列规定：

1 农村公路上的大桥考虑到养护条件，应尽可能选用维护简便的混凝土连续梁桥，慎重选用钢结构桥梁、系杆拱桥等对养护要求较高的桥型。当条件限制，必须采用时，应进行充分论证。

2 农村公路上的中、小桥梁宜选择简支体系梁式结构。如运输条件许可，桥梁上部结构宜采用工厂预制。为提高结构的耐久性，10 m跨径以下的小桥宜采用现浇钢筋混凝土实心板；跨径在10 m～22 m时，宜采用预应力空心板结构；跨径在25 m～35 m时，宜采用预应力小箱梁结构。

3 大、中桥梁的下部结构宜采用桩柱式结构，宜避免选择抗倾覆能力差的下部结构形式；桥台宜选择埋置式或肋板式；基础宜采用打入桩或钻孔桩。小桥下部结构可选择排架式或桩柱式结构，基础应选择桩基础；桥台形式宜采用桩式排架加台前护坡的结构形式，或根据实际地质条件采用桩和扩大基础共同作用的重力式桥台结构。

4 采用箱涵时，埋置深度应满足道路路面结构设置要求。

3.7.7 桥涵附属结构应符合下列规定：

1 桥面铺装分为三层：上两层为沥青混凝土，材料、厚度应与路面上、中面层一致；下层为防水混凝土调平层，其厚度不宜小于8 cm；沥青混凝土与防水混凝土间应设置桥面防水层。设置水泥混凝土路面的桥梁，桥面防水混凝土调平层厚度不宜小于10 cm。表面宜采用渗透结晶型防水涂料涂刷两层。

2 桥梁支座规格根据承载能力及变形条件计算确定，选择符合现行行业标准《公路桥梁板式橡胶支座》JT/T 4、《公路桥梁盆式橡胶支座》JT/T 391 要求的规格系列。墩台构造应满足支座更换的要求。应预留与支座反力相适应的千斤顶操作空间。

3 伸缩装置的伸缩量是伸长量与缩短量的总和。选择伸缩装置应留有余地，遵循宜大不宜小的原则。

1) 伸缩装置在防撞护栏处应设置上挠件向上弯折防水。

2) 伸缩装置预埋钢筋应设置在梁板内，不得设置在桥面铺装中。

4 桥梁排水应符合下列要求：

1) 大桥、中桥及桥长大于10 m的小桥，应设置集水槽及泄水管。桥长小于或等于10 m的小桥，可不设集水槽，设置直径80 mm的PVC泄水管伸出桥外。

2）泄水管设置间距应为2.5 m～4 m。出水口应伸出边板外缘至少5 cm；当水平设置时，应设置竖向弯头。

3）桥梁跨越公路、铁路孔及其他不允许向桥下排水的孔跨时，应采用竖向排水管道在墩台处将桥面水引出，排入路基边沟。

5　锥坡防护应符合下列要求：

1）涉河桥梁锥坡宜采用浆砌块石防护或现浇混凝土防护。锥坡在桥台四个方向应设置踏步便于桥梁检修，踏步可兼作急流槽。

2）锥坡基础应埋入地面以下不小于25 cm。

3）桥台台前锥坡坡度宜按照1∶1.5计。埋置式桥台锥坡坡度，在条件许可下，宜与道路边坡一致。

6　防撞护栏应符合下列要求：

1）只设置车行道的桥梁外侧应设置护栏，护栏的防护等级应符合现行行业标准《公路交通安全设施设计规范》JTG D81的相关要求。农村公路桥梁护栏宜优先考虑采用混凝土护栏。

2）桥梁上跨饮用水水源保护区、铁路、高速公路、需要控制出入的一级公路的车行或人行构造物两侧均应设置防落物网。防落物网的设置范围应为下穿铁路、公路等被保护区的宽度（当上跨构造物与公路斜交时，应取斜交宽度）并各向路外延长10 m～20 m。上跨铁路的桥梁结构及安全防护形式应符合现行行业标准《铁路桥涵设计规范》TB 10002的相关要求，跨越高铁的桥梁还应设置高速铁路防灾安全监控系统。

7　人行道应符合下列要求：

1）设置人行道的桥梁，可通过路缘石等分隔设施将人行道与行车道进行分离；路缘石高度可取0.25 m～0.35 m。

2）人行道应平缓连续，不应设置陡坡和台阶。桥头人行道存在高差时，应设置长缓坡。

3）桥梁外侧的护栏应符合现行行业标准《城市桥梁设计规范》CJJ 11 相关要求。

3.7.8 桥涵改扩建应符合下列规定：

1 桥涵拼接新建部分应符合现行行业标准《公路桥涵设计通用规范》JTG D60 的相关要求。

2 对于直接利用或拼接加宽利用的原有桥涵，应进行检测评估并满足原设计荷载标准要求，其极限承载力应满足或采取加固措施后应符合现行行业标准《公路桥涵设计通用规范》JTG D60 的相关要求。对于不满足荷载标准要求但使用状况良好的原有桥涵，因经济、技术和其他因素暂不加固时，应限载通行。

3 桥梁加宽宜采用与原有桥梁相同或接近的结构形式和跨径。

3.8 绿化工程和环境保护

3.8.1 绿化工程和环境保护应符合下列规定：

1 应充分利用公路两侧路肩、边坡、分隔带、防护带及沿线空地等一切可绿化的公路用地进行绿化建设，并防止环境污染，重视综合治理，保护生态平衡和景观提升。

2 公路绿化应贯彻“因地制宜、因路制宜、适地适树”的原则，科学规划，合理选择绿化植物品种，应充分利用公路沿线的既有绿地、林地和自然景观，并与之取得过渡协调。

3 公路绿化实施前，应对绿化路段进行现状、自然及人文情况的调查，进行路段绿化总体规划设计，兼顾公路绿化功能、景观和生态保护，使之具有功能性、整体性、稳定性和艺术性。

4 公路绿化宜在种植季节内种植，带土球的树苗存活率应大于 95%，裸根树苗成活率应大于 85%。

5 公路绿化保存率不应低于 94%。

3.8.2 绿化配置与栽植应符合下列规定：

1 二级及以下公路，宜采用乔木与灌木相结合的方式，并充分体现当地特色。

2 绿化公路的乔木、灌木、花草及防护林、风景林等，不宜在较长路段内采用同一绿化植物品种，应分段轮换栽植不同品种，以减少病虫害的传播。

3 公路分隔带宽度不大于 3 m 的，应以灌木和地被相结合；宽度大于 3.0 m 的，可种植乔木。

4 中央分隔带绿化应遮挡对向行驶车辆的眩光，在路面以上 0.8 m～1.8 m 范围内配置的植物树冠宜常绿，枝叶茂盛，其株距不得大于冠幅的 5 倍。机非分隔带绿地应采取通透式配置，片植灌木的高度不宜超过 0.6 m。

5 路肩绿化应以行道树为主，并宜乔木、灌木、地被植物相结合，形成连续的绿带。在公路两侧种植的行道树胸径不得小于 8 cm。行道树定植的株距应以其树种壮年期冠幅为准，冠幅为塔形的树种，最小种植株距不得小于 2 m；冠幅宽大的树种，最小种植株距为 6 m。

6 行道树和隔离带种植的乔木均应选择深根性、分支点高、生长健壮、适应公路环境条件，且其落果不会对人和车辆造成危害的树种。在机动车道上方的树冠不应影响车道净空高度。

7 边坡绿化应结合防护工程措施配置，宜选择根系长、须根多或种子有自播能力、喜光耐旱、低养护的护坡植物。

8 路侧绿带应根据相邻用地性质、防护和景观要求结合周边环境进行设计，并应保持在路段内的连续与完整的景观效果。

1） 路侧绿带建设应注重对河流、湖泊、湿地、坑塘和沟渠等原有生态系统的保护和修复，因地制宜地贯彻“建设自然积存、自然渗透、自然净化的海绵城市”建设理念。

2） 路侧绿化应以种植乔木为主，并宜与灌木、地被植物相结合，形成绿量充沛、具有优美林缘线的乔木林。

9 在公路交叉口视距三角形范围内，绿化应采用通透式配置，不宜种植高度超过 0.6 m 的植物，在不影响视线的前提下，可栽植常绿灌木、绿篱和花草。

10 小半径平曲线内侧不得栽植影响视线的乔木或灌木，其外侧可栽植成行的乔木，以诱导汽车行驶，增加安全感。

11 桥梁及涵洞两端 5 m 距离范围内不宜栽植乔木，以免根系破坏桥(涵)台。

3.8.3 环境保护应符合下列规定：

1 公路环境保护应贯彻“预防为主、防治结合、综合治理”的方针，保护、改善和提高公路沿线自然环境和人文景观。

2 公路环境保护的对象是公路沿线的环境质量、水土资源、路域生态环境以及生物多样性、沿线居民的生活质量和人文景观。

3.9 交通安全设施

3.9.1 交通安全设施应符合下列规定：

1 农村公路交通安全设施包括交通标志、交通标线、护栏和栏杆、视线诱导设施及其他交通安全设施等。

2 农村公路交通安全设施设置内容与等级应根据公路功能、等级、通行能力，结合自然环境条件及路基路面具体情况，与公路主体工程同步进行综合设计、施工及验收，并应考虑因地制宜、就地取材、便于施工和养护。

3 二级及以上公路的交通安全设施设置，应按现行行业标准《公路交通安全设施设计规范》JTG D81、《公路交通安全设施设计细则》JTG/T D81 等执行。

3.9.2 交通标志应符合下列规定：

1 交通标志的设置应符合现行国家标准《道路交通标志和标线》GB 5768 和现行行业标准《公路交通标志和标线设置规范》

JTG D82、《公路交通安全设施设计细则》JTG/T D81 的相关规定。其中，指路标志的设置还应符合现行上海市工程建设规范《公路指路标志设置标准》DG/TJ 08—2269A 的规定，做到醒目、实用。

2 限制速度标志应综合考虑公路功能、技术等级、路侧开发程度、路线几何特征、运行速度、交通运行、交通事故和环境等因素，在交通安全综合分析的基础上，确定是否设置以及限速值和限速标志的形式，经主管部门认可后实施设置。

3 桥梁两端应根据桥梁荷载实际承载能力设置相适应的限制质量、限制轴重标志。

4 旅游区标志设置时应根据旅游景区的级别、路网情况等合理确定指引范围。当旅游区标志与其他标志冲突时，其他交通标志具有优先设置权限。

5 在公路两端或交叉口处应设置路名牌，路名牌的设置应符合现行上海市地方标准《公路路名牌》DB31/T 575 的有关要求。

6 里程碑、里程牌、百米桩、百米牌的设置应符合下列要求：

1）无中央分隔带时，里程碑、百米桩应在公路里程桩递增方向的右侧单向设置，双面标识。有中央分隔带时，里程碑、百米桩应双向设置，迎行车方向单面标识。里程碑、百米桩的版面、几何尺寸应符合现行国家标准《道路交通标志和标线　第 2 部分：道路交通标志》GB 5768.2 的相关规定。

2）里程碑、百米桩在安装前应进行里程定位，应设置在视线障碍物的前方，因安装位置局限而前后移位安装的最大位移量不得超过 3 m。

3）设置在路肩上的里程碑、百米桩，基座的左边缘宜紧贴路面结构的外侧，里程碑、百米桩应在基座的上平面居中设置。设置在人行道上的里程碑、百米桩可不设基座，里程碑、百米桩的中心与人行道左边缘的距离应为50 cm。

4）因采用路侧波形梁钢护栏或其他路侧渠化设施、防护设施而影响原有里程碑、百米桩的有效视认时，应设置里程牌、百米牌。当因安全因素或受安装位置局限而难以设置里程碑、百米桩时，可设置里程牌、百米牌。里程牌、百米牌版面、几何尺寸应符合现行国家标准《道路交通标志和标线　第2部分：道路交通标志》GB 5768.2的相关规定。

5）里程牌、百米牌应双向设置，宜附设在路侧波形梁钢护栏或其他路侧护栏上，也可安装在路侧立柱上，其下沿不应低于各类护栏的上沿。

7　交通标志版面应采用逆反射材料或安装照明设施，受线形、视觉环境、日照、气象条件等因素影响的路段，可安装照明设施或采用主动发光等手段提高视认性，但不得产生照度不均、眩光、跳闪等现象，不得影响昼夜条件下标志形状、颜色及视认和理解的一致性。

8　用于交通标志的反光膜逆反射性能应符合现行国家标准《道路交通反光膜》GB/T 18833的规定。在进入公路主线小半径曲线之前、视距遮挡受限路段及交叉口、交通较为复杂、视距不良、观察角过大的平面交叉或路段、公路横断面发生变化、大型车辆所占比例很大时，禁令、指示、警告标志宜采用Ⅴ类反光膜。

3.9.3　交通标线应符合下列规定：

1　交通标线的设置应符合现行国家标准《道路交通标志和标线》GB 5768和现行行业标准《公路交通标志和标线设置规范》JTG D82、《公路交通安全设施设计细则》JTG/T D81的规定。公路交通标线颜色的色度性能应符合现行国家标准《道路交通标线质量要求和检测方法》GB/T 16311的规定。

2　交通标线应采用反光标线，在交通标线正常使用年限内，交通标线的逆反射亮度系数应满足夜间视认性要求。突起路标与标线涂料配合使用时，应选用定向反光型，其颜色应与标线颜色一致。设置于对向车行道分界线的突起路标，应采用双向反光型。

3 农村公路除单车道外，应设置对向车行道分界线。

4 公路的窄桥及其上下游路段、采用最低公路设计指标的曲线段及其上下游路段、交通流发生合流或分流的路段、路面宽度发生变化的路段、路侧障碍物距车行道较近的路段、经常出现大雾等影响安全行车天气的路段、非机动车或行人较多的机非混行路段，应设置车行道边缘线。

5 车行道边缘线应设置于公路两侧紧靠车行道的外边缘处。

6 经常出现强侧向风的桥梁路段、隧道出入口路段、急弯陡坡、平面交叉驶入路段、接近人行横道线路段，应设置禁止跨越同向车行道分界线。

7 当公路中心或车行道中有上跨桥梁的桥墩、中央分隔带端头、标志杆柱及其他可能对行车安全构成威胁的障碍物时，应设置接近障碍物标线。

8 在靠近公路建筑限界范围的跨线桥的墩柱立面及其他障碍物立面上，实体安全岛或导流岛、灯座、标志基座及其他可能对行车安全构成威胁的立体实物表面上，应设置立面标记或实体标记。

9 学校、幼儿园、医院、养老院门前的公路没有行人过街设施的，宜设置人行横道线。

10 在公路宽度或车行道数量发生变化的路段，应设置过渡标线。

11 三级及以上公路之间形成的平面交叉口，应结合平面交叉实际情况和交通流实际特点进行渠化标线设计。

12 非信号控制的公路平面交叉口，在支线或次线上，应设置减速让行或停车让行标志。

13　小半径曲线段宜在路面标线的一侧设置突起路标，并不得侵入车行道内。

14　在易超速路段或事故多发路段上游宜设置减速标线，并与警告或限速标志配合使用。

15　下立交易积水路段应设置积水警戒线、积水禁行线，并与积水路段注意危险标志配合使用。

3.9.4　护栏和栏杆应符合下列规定：

1　公路路侧应通过保障合理的净区宽度来降低车辆驶出路外或驶入对向车行道事故的严重程度。当计算净区宽度得不到满足时，应按护栏设置原则进行安全处理，护栏的设计应符合现行行业标准《公路交通安全设施设计规范》JTG D81、《公路交通安全设施设计细则》JTG/T D81 的相关规定。

2　护栏标准段、护栏过渡段、防撞端头及防撞垫的防护等级及性能，应符合现行行业标准《公路护栏安全性能评价标准》JTG B05—1 的规定。需要采用其他防护等级或碰撞条件时，应进行特殊设计，并经实车碰撞试验。

3　路基护栏迎交通流的护栏端头应外展至土路肩宽度范围外，具备条件时，宜外展至计算净区宽度外；位于填挖交界时，应外展并埋入挖方路段不构成障碍物的土体内；无法外展时，宜采用地锚式端头，并进行警示提醒或设置立面标记。

4　各等级公路桥梁必须设置路侧护栏。当桥梁护栏与路基护栏的结构形式不同时，应进行过渡段设计。相邻路基未设置护栏时，桥梁护栏应进行端部处理。

5　有景观设计需求时，宜使用钢木护栏。

3.9.5　视线诱导设施应符合下列规定：

1　轮廓标的设置应符合现行国家标准《轮廓标》GB/T 24970 和现行行业标准《公路交通安全设施设计规范》JTG D81、《公路交通安全设施设计细则》JTG/T D81 的相关规定。

2　合流诱导标、线形诱导标应符合现行行业标准《公路交通安全设施设计规范》JTG D81、《公路交通安全设施设计细则》JTG/T D81 及《公路交通标志和标线设置规范》JTG D82 的相关规定。

3 三级、四级公路达不到护栏设置标准但存在一定危险因素的路段，宜设置示警桩、示警墩等设施；示警桩、示警墩的颜色应为黄黑相间。

4 未设置相应指路标志或警告标志的公路沿线较小平面交叉两侧，应设置道口标柱；道口标柱的颜色应为红白相间。

3.9.6 其他交通安全设施应符合下列规定：

1 现状农村公路净空不满足本标准第 3.1.8 条要求的路段，应设置防撞限高架。限高架应与限高标志配合使用，限高架下缘距离路面高度不得小于限高标志限定的高度值。

2 进入城镇段、村庄段前可设置减速丘。减速丘的设置应全断面铺设，并设置相应的减速丘标志、标线、建议速度或限制速度标志。

3 公路会车视距不足的小半径弯道外侧、视距不良的急弯路段宜设置凸面镜，凸面镜直径不小应于 60 cm，宜与视线诱导设施配合使用。

4 进入城镇段、村庄段前宜设置村口指示牌。

5 应根据农村公路路口形状、交通流量和交通事故状况等条件，确定路口信号灯的设置，并根据公路实际情况配套设置相应的道路交通标志、标线和交通技术监控设备。

6 信号灯设计应符合现行国家标准《道路交通信号灯》GB 14887、《道路交通信号灯设置与安装规范》GB 14886 的相关规定。

3.10 沿线其他设施

3.10.1 沿线其他设施应符合下列规定：

1　沿线其他设施包括服务设施、管理设施等，应坚持“统筹规划、总体设计、分步实施”的原则。

2　沿线其他设施的设计应综合考虑安全、经济、环保等因素，便于服务，利于管理。

3.10.2　服务设施应符合下列规定：

1　可根据出行需求，结合自然环境、村镇分布等条件，选择布置公交停靠站、公路驿站等服务设施。

2　公交停靠站、公路驿站等服务设施应避免设置于长下坡坡底、陡坡急弯等不良路段。其中，平曲线半径不应小于150 m，竖曲线半径不应小于1 000 m，纵坡不应大于2%。

3　公交停靠站设置应符合下列要求：

1）公交停靠站应设置车辆停靠和乘客候车设施。双车道农村公路可采用路抛式停靠站，农村公路城镇段、交通量较大的村庄段宜采用港湾式停靠站。单车道农村公路客运汽车停靠站宜与错车道结合设置，也可采用路抛式停靠站。公交线路起讫点无客运站的，应设置候车亭（牌）和回车场地。回转场地应保证场地的转弯半径（内径）不小于10 m。

2）公交停靠站车道宽度一般值为3.0 m，最小值为2.75 m，站台长度应根据常用车型进行选择，可选用9 m～15 m。

4　公路驿站的设置应符合下列要求：

1）公路驿站应提供停车场、公共厕所等基本设施。有条件的公路驿站宜采用非敞开式建筑，提供室内休息室。条件受限的公路驿站可采用敞开式建筑，提供移动式公共厕所。

2）公路驿站宜同时考虑机动车和非机动车的停车需求。

3）公路驿站宜设置在自然景观或人文风貌较好的路段。

4）为方便公众宣传和驾驶者辨识，农村公路沿线的公路驿站应使用统一的命名方式。

3.10.3 管理设施符合下列规定：

1 道班房的设置应符合下列要求：

道班房的规划应遵循“因地制宜”的原则，应与土地开发、路网建设保持高度协调性，使道班房能够适应道路通车里程提高带来的养护作业需求变化，科学合理地规划和设计。

2 新建道班房选址应优先结合道路建设项目实施，选址应充分利用市政用地内的空闲空间，如立交区域、跨河及高架桥下空间等。

3 道班房选址应考虑方便养护作业、进出安全、与周边环境相协调，并综合考虑周边道路管养设施量、里程、设施性质等。道班房出入口至交叉口的距离不宜小于 50 m。

4 一般情况下，道班房宜采用矩形布置，用地边界宜控制为 40 m～100 m，并使长边沿路布置。受用地条件限制时，可适当缩小用地边界，但短边不宜小于 20 m，长边不宜小于 40 m。

5 排水泵站附属建筑应符合下列要求：

根据实际管理区域与管理需求，在部分易积水的重要农村公路下立交所在位置，经论证后可结合排水泵站设置附属建筑。排水泵站的附属建筑组成和面积，应根据泵站规模、管理工作人员工作和生活的需要、所在地区情况确定，并按现行上海市工程建设规范《城镇排水泵站设计标准》DGJ 08—22 的相关规定执行。

3.10.4 公路照明的设置应符合现行上海市工程建设规范《道路照明工程建设技术规程》DG/TJ 08—2214 的有关规定。

3.10.5 无障碍设施的设置应符合下列规定：

1 在农村公路设有服务设施或专门人行道时，应配套设置无障碍设施。

2 无障碍设施的设置应符合现行国家标准《无障碍设计规范》GB 50763 的有关要求。

4 养 护

4.1 一般规定

4.1.1 农村公路养护总体应符合下列规定：

1 农村公路养护按照作业性质可分为日常养护和养护工程。日常养护包括日常巡查、日常保养和小修。养护工程包括预防养护工程、修复养护工程、应急养护工程和专项养护工程。

2 应达到路基稳定、路面整洁、排水畅通、桥涵安全及设施完好等要求。

3 应公开养护路线名称及里程、养护单位、养护责任人、路长、监督管理单位及联系方式等信息。

4 应注重利用既有道路，鼓励资源循环利用。

4.1.2 日常养护应符合下列规定：

1 农村公路应开展日常巡查工作，并与日常保养工作同时进行。日常巡查的范围包括公路路基、路面、桥涵构造物、沿线设施等。

2 二级及以上农村公路巡查频率应按现行上海市地方标准《公路路面养护技术规范》DB31/T 489 的相关规定执行。三级、四级公路巡查频率宜符合表 4.1.2 的规定。

表 4.1.2 农村公路日常巡查频率

公路等级	三级公路	四级公路
县道	1 次/2 日	2 次/周
乡道	2 次/周	2 次/周
村道	2 次/周	1 次/周

城镇段应适当增加巡查次数，对特殊路段或遇有恶劣天气时

应适当加大巡查频率。巡查过程中，发现重度损坏、突发性事件、灾情、险情等，应及时上报主管部门；当影响农村公路通行安全时，应及时采取相应措施，对行人及车辆进行提示、警示。公路的各个部位可一起巡查，但应对工程部位损坏做好区分、记录。

3 巡查过程中发现的问题应采取措施及时进行处理，并做好记录。记录表参见本标准附录 A。相应措施包括清理障碍、引导交通、设置安全警示物等。

4.1.3 养护工程应符合下列规定：

1 应根据农村公路技术状况评定结果，安排预防养护、修复养护等养护工程。

2 农村公路养护工程必须贯彻“预防为主、防治结合”的方针。应重视预防养护，做好以路面为中心的全面养护工作，增强设施的公共服务能力和安全畅通能力。

3 养护工程应组织进行质量检验评定，应符合现行行业标准《公路养护工程质量检验评定标准　第一册　土建工程》JTG 5220 与现行上海市工程建设规范《公路养护工程质量检验评定标准（土建工程）》DG/TJ 08—2144 的相关规定。

4.1.4 技术状况评定应符合下列规定：

1 农村公路技术状况评定分为现场技术状况评定和养护管理信息系统数据分析。

2 现场技术状况评定应根据评价部位分别按照现行行业标准《公路技术状况评定标准》JTG 5210、《公路桥梁技术状况评定标准》JTG/T H21 与现行上海市工程建设规范《公路技术状况评定规程》DG/TJ 08—2095 等相关规定执行。

3 应定期组织开展现场技术状况评定，县道评定频率每年不应少于 2 次，乡道和村道每年不应少于 1 次。路面技术状况评定宜采用自动化快速检测装备。采用快速检测装备调查时，调查内容应参照现行行业标准《公路技术状况评定标准》JTG 5210、现行上海市工程建设规范《公路技术状况评定规程》DG/TJ 08—

2095等相关规范的要求，根据道路等级简化执行。

4 应建立农村公路养护管理信息系统。农村公路的日常养护、养护工程及现场技术状况评定的相关信息数据，应纳入农村公路养护管理信息系统进行分析。应加强农村公路养护管理系统的运营维护，保障系统正常使用。

5 农村公路技术状况评定结果可作为制订养护计划的依据。

1) 符合养护规定值且评定结果为优、良的，可加强日常养护。

2) 符合养护规定值且评定结果为中的，宜实施预防养护或修复养护。

3) 不符合养护规定值的，应实施修复养护。

4) 养护规定值按照现行上海市工程建设规范《公路技术状况评定规程》DG/TJ 08—2095的规定执行。

4.1.5 养护工程设计决策依据可参照现行上海市工程建设规范《公路大中修工程设计规范》DG/TJ 08—2191等相关规范的要求执行。

4.2 路 基

4.2.1 路基养护包括路肩、边坡、防护及支挡结构的养护。

4.2.2 路基养护应符合下列规定：

1 路基各部分保持完整，各部尺寸保持规定的标准要求，无损坏变形。

2 路肩无车辙、坑洼、隆起、沉陷、缺口，横坡适度，边缘顺适，表面平整坚实、整洁，与路面衔接平顺。

3 边坡稳定、坚固，平顺无冲沟、松散，坡度符合规定。

4 挡土墙、护坡等设施保持完好无损坏，砌体伸缩缝填料完好，泄水孔无堵塞。

5　应加强路基日常巡查，对发现的问题进行记录、处理，使路基保持良好的技术状况水平。

4.2.3　路肩养护应符合下列规定：

1　路肩日常巡查包括查看路肩是否存在缺损，是否存在杂物，与路面衔接是否平顺等内容。

2　路肩日常保养包括清理路肩杂物、修剪草皮和整修路肩等内容。应通过日常保养保持路肩整洁。

3　路肩上除堆料台外，严禁堆放垃圾、碎石、杂物等，发现时应及时清理。严禁在桥头引道、弯道内侧和陡坡等处设置堆料台。

4　路肩小修包括调整横坡及处理缺口、坑洞、沉陷、隆起等损坏。应通过小修保持路肩平整，与路面衔接平顺。

5　修复路肩时不得从边坡的坡面及坡脚处挖坑取土。

6　硬路肩出现裂缝、坑槽、脱空等损坏时，应按相同类型路面损坏的处治方法进行修复。

7　路肩应保持适当的横坡，坡度顺适。土路肩或草皮路肩的横坡应比路面横坡大1%。

4.2.4　边坡养护应符合下列规定：

1　边坡日常巡查包括查看坡面是否存在冲刷，坡体是否出现松动、剥落、滑移和坍塌等内容。

2　边坡日常保养包括修整坡面植物、清理坡面杂物、清理坡脚及碎落台的堆积杂物等内容。应通过日常保养保持边坡坡面整洁。

3　边坡小修包括清理零星塌方、填补坡面冲沟、处理坡脚冲刷和缺损等内容。应通过小修保持坡面平整坚实、坡脚稳固。

4　边坡预防养护包括完善生态植被、块石护坡和挡土墙等内容。应通过预防养护保持边坡稳定，质量要求应符合现行行业标准《公路路基施工技术规范》JTG F10的相关规定。

5　边坡修复养护包括采用块石护坡加固护坡、增设挡土墙、修复和完善河道防护等内容。应通过修复养护保持边坡稳固，质量要求应符合现行行业标准《公路路基施工技术规范》JTG F10 的相关规定。

4.2.5 防护及支挡结构养护应符合下列规定：

1 防护及支挡结构日常巡查包括查看圬工是否存在局部破损，勾缝是否脱落，泄水孔是否淤塞，防护及支挡结构是否存在倾斜、滑移、下沉、变形，基础是否存在冲刷等内容。

2 防护及支挡结构日常保养包括清理沉降缝和伸缩缝内的杂物、疏通泄水孔、清理防护及支挡结构物的杂物、碎石等内容。应通过日常保养保持防护及支挡结构排水顺畅、表面整洁。

3 防护及支挡结构小修包括修复表面破损、基础冲刷、勾缝、抹面等内容。应通过小修保持防护及支挡结构表面完好、基础牢固。

4 防护及支挡修复养护包括修复和加固挡土墙、护坡等内容。应通过修复养护保持防护及支挡结构完好、稳定，质量要求应符合现行行业标准《公路路基施工技术规范》JTG F10 的相关规定。

4.3 路　面

4.3.1 路面养护应符合下列规定：

1 应加强农村公路路面的日常养护，及时修复损坏。

2 路面日常巡查包括查看路面损坏类型、严重程度及规模，路面是否存在有碍通行安全的障碍物，路缘石是否缺损、倾斜等问题。

3 路面日常保养包括清理路面的积土、积沙、泥污、积雪、积冰等内容。应通过日常保养保持路面整洁。根据农村公路等级，清扫保洁频率不宜低于表 4.3.1 要求，穿越城镇段应适当增加清扫次数。

表 4.3.1　农村公路清扫保洁频率

公路等级	一级公路	二级公路	三级公路	四级公路
县道	1次/日 (2次/日)	1次/日 (2次/日)	3次/周 (1次/日)	2次/周 (3次/周)
乡道	/	1次/2日 (1次/日)	2次/周 (3次/周)	2次/周 (3次/周)
村道	/	2次/周 (3次/周)	2次/周 (3次/周)	1次/周 (2次/周)

注:括号内为相应等级农村公路城镇段清扫保洁频率。

4　应保持农村公路路面完好。沥青路面应平整,水泥混凝土路面应表面平顺,人行道路面应铺筑平整、牢固稳定,路缘石应整齐顺适。

5　路面养护应重视排水,及时修补路面裂缝、坑洞等,防止地表水下渗。路面应保持横坡适度。

4.3.2　路面基层养护应符合下列规定:

1　路面基层主要出现裂缝、翻浆、坑槽、拥包、脱空等损坏。应通过小修或修复工程修复基层,保证路面平整和完好。

2　基层纵、横向裂缝的维修方法应符合下列要求:

1) 裂缝宽度在 5 mm 以下,可采用热沥青或乳化沥青灌缝撒料法封堵,也可采用防裂贴进行封缝处理。

2) 裂缝缝宽在 5 mm 以上,可采用细粒式热拌沥青混合料填充捣实,并采用防裂贴进行封缝处理。有条件的路段,可采用专用灌缝设备和高性能路面灌缝胶开槽灌缝;灌缝应密实、边缘整齐,表面光洁。

3) 对于尚未沉降、稳定的纵向裂缝,除按重度裂缝处治外,应根据裂缝成因,采取排水、边坡加固等配套措施。

3　网状裂缝、路面翻浆的维修方法应符合下列要求:

1) 基层出现轻微的网裂、铣刨面层后没有碎裂,可满铺一层聚酯纤维布后重新加铺面层结构。

2）基层出现小面积的碎裂，可修复好基层后重新加铺面层结构。

3）基层出现大面积的碎裂，应根据该路段的交通量、既有路面结构等因素综合确定新建或再生基层与面层的结构组合及厚度。

4 基层坑槽的维修方法应符合下列要求：

1）损坏面积较小的基层修复宜采用混凝土修补。混凝土强度不大于C25，根据路段通车要求，可掺入不同型号的早强剂。

2）出现大面积松散的基层可采用基层再生。上海市公路一般可采用水泥对基层进行再生处理。基层再生分为厂拌再生和就地再生。厂拌再生基层与就地再生基层均应符合现行行业标准《公路路面基层施工技术细则》JTG/T F20的规定。

3）交通繁忙路段的基层修复宜采用基层注浆加固。注浆加固应符合现行上海市工程建设规范《道路注浆加固技术规程》DG/TJ 08—2240的规定。

5 基层拥包的维修方法应符合下列要求：

1）粉煤灰三渣基层拥包可采用混凝土修补或基层再生进行修复。

2）沥青碎石基层拥包可按沥青路面损坏的修复方法处理。

6 基层脱空可采用注浆加固修复，注浆加固应符合现行上海市工程建设规范《道路注浆加固技术规程》DG/TJ 08—2240的规定。

7 各类基层损坏在修复的过程中均会出现纵、横向的拼接缝，施工时应做好施工拼接缝的防水措施。

8 基层拼接处理工艺应符合下列要求：

1）当基层厚度超过 25 cm 时，宜采用相错搭接，符合图 4. 3. 2-1 的要求，并要求新基层铺筑时高出原有路面基层 0. 5 cm。

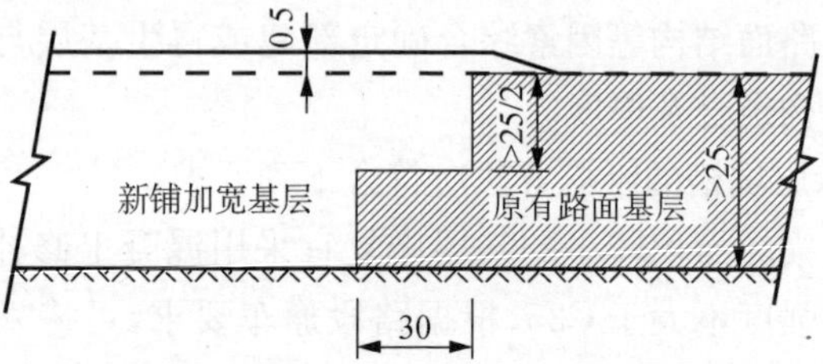

图 4. 3. 2-1　相错搭接(单位:cm)

2）整体性路面基层宜采用平头接头，符合图 4. 3. 2-2 的要求。

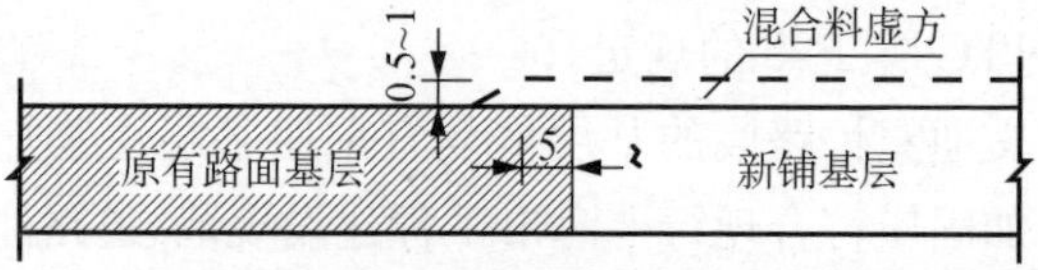

图 4. 3. 2-2　平头接头(单位:cm)

3）嵌锁型、级配型路面基层宜采用斜接头，符合图 4. 3. 2-3 的要求，在斜端上部应保留一定的垂直面。

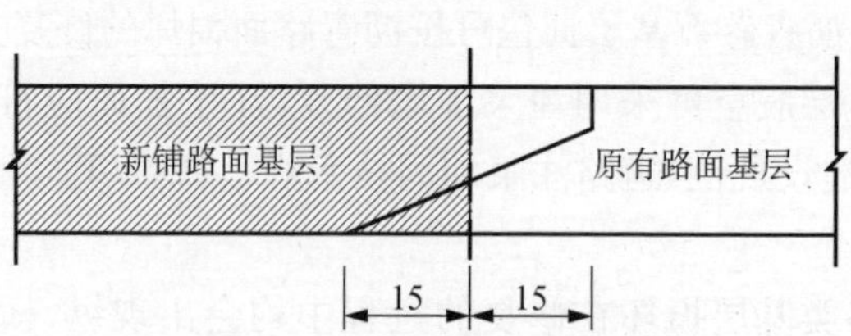

图 4. 3. 2-3　斜接头(单位:cm)

9　路面基层养护鼓励使用就地再生工艺。

4.3.3　沥青路面养护应符合下列规定：

1　沥青路面常见损坏包括龟裂、块状裂缝、纵向裂缝、横向裂缝、坑槽、松散、沉陷、车辙、波浪拥包、泛油、翻浆、修补等。应通过小修、预防养护和修复养护保持路面平整和完好。

2　沥青路面预防养护应按现行上海市工程建设规范《沥青路面预防性养护工程技术规程》DG/TJ 08—2176 执行。

3　沥青路面修复养护包括铣刨加罩、翻挖新建基层、加铺基层和面层等。

4　路面龟裂及块状裂缝的维修可根据实际情况采用以下方法：

1）设置乳化沥青稀浆封层，封层厚度宜为 0.6 cm～0.8 cm。

2）加铺沥青混合料上封层，或先铺设土工合成材料后，再在其上加铺沥青混合料上封层。

3）加铺改性沥青薄层。

4）沥青面层铣刨加罩。

5）由于基层强度不足或基层翻浆等引起的严重龟裂，应按本标准第 4.3.2 条要求先处治好基层后重做面层。

5　路面纵、横向裂缝的维修应符合下列要求：

1）裂缝宽度在 5 mm 以下，可采用热沥青或乳化沥青灌缝撒料法封堵，也可采用防裂贴进行封缝处理。

2）裂缝缝宽在 5 mm 以上，可采用细粒式热拌沥青混合料填充捣实，并采用防裂贴进行封缝处理。有条件的路段，可采用专用灌缝设备和高性能路面灌缝胶开槽灌缝。灌缝应密实、边缘整齐，表面光洁。

6　路面坑槽的维修应符合下列要求：

1）坑槽修补时宜按“圆洞方补、斜洞正补”原则，划出所需修补坑槽的轮廓线。

2）坑槽修补可采用冷补法或热补法。

7 路面麻面维修应在气温不低于10 ℃的情况下进行，路面清扫干净后，重做喷油封层，并用轻型压路机压实或采用预防性养护工艺进行处理。

8 路面脱皮维修应先清除脱落和已松动部分，铣刨原有面层，喷洒黏层油后，重新摊铺面层。

9 路面啃边的维修可根据实际情况采用以下方法：

1）挖出破损边缘，切成纵格台阶断面，并适当挖深，采用局部加厚面层边部的办法修复。

2）改善加固路肩或设硬路肩，使路肩平整坚实，与路面边缘衔接平顺，并保持路肩所有的横坡，以利排水。

3）设置路缘石。

4）平面交叉口处，可适当加宽路面衔接顺适，以减轻行车冲击对边缘部分的破坏。

10 路面松散的维修应符合下列要求：

1）因低气温施工而造成的松散，可收集好松散料，待气温上升至不低于10 ℃时，清扫干净，重做喷油封层，并用轻型压路机压实。低温潮湿季节，可用乳化沥青碎石混合料修理；小面积麻面可用乳化沥青封层修理。

2）由于沥青温度过高、黏结料老化而造成的松散，应挖除重铺。

3）由于基层或土基松软变形而造成的松散，应先处理基层或土基的损坏，而后重铺沥青混合料等，视坑槽深度采用单层或双层填补。如路面基层损坏，应针对损坏原因，先处理基层损坏，再修复面层。

4）由于酸性石料与沥青黏附性差而造成的松散，应采用在沥青中掺加抗剥离剂、增黏剂，或用干燥的生石灰、消石灰、水泥掺入填料，或用石灰浆处理粗集料等抗剥离措施。

11 路面沉陷的维修应符合下列要求：

1） 当路面出现深度不大于 2.5 cm 的局部沉陷时，应在沉陷区域喷洒黏层油，填补沥青混合料，找平后压实。

2） 当路面出现深度大于 2.5 cm 的较大面积沉陷时，应先铣刨原路面至稳定结构层，按原路面结构重新填筑。

12 路面波浪、拥包的维修应符合下列要求：

1） 当路面出现轻微波浪、拥包时，在波谷部分喷洒黏层油，并均匀撒布适当粒径的集料，找平后压实。

2） 当路面波浪、拥包起伏较大时，应顺行车方向将突出部分铣刨掉至低于表面 4 cm，重新喷洒黏层油，再摊铺沥青面层。

13 路面车辙的维修应符合下列要求：

1） 表面性磨损过度出现的车辙，或路面内横向推挤形成横向波形且已稳定的车辙，宜采用路面铣刨机铣刨沥青面层至一定深度（视车辙深度），喷洒黏层油后，采用与原路面结构相同的沥青混合料铺筑，恢复路面横坡。周围接茬处应烙平密合、碾压密实。

2） 不稳定夹层引起的车辙，应清除不稳定层，重铺面层。

3） 基层压实度不够引起的车辙，应先行处理好软弱基层再重新摊铺面层。

14 路面泛油的维修应符合下列要求：

1） 轻度泛油路段，宜撒 3 mm～5 mm 的石屑或粗砂，通过行车碾压至不粘轮。

2） 泛油较重路段，宜先撒 5 mm～10 mm 的碎石，待稳定后再撒 3 mm～5 mm 的石屑或粗砂，引导行车碾压成型。

3） 含油量高的严重泛油路段，宜先撒一层 10 mm～15 mm 或更粗的碎石，用重型压路机强压入，达到基本稳定后，再分次撒 5 mm～10 mm 的碎石，引导行车碾压成型。

4）撒料应先撒粗料后撒细料，撒布要均匀，无堆积、无空白；均匀压入。

5）在行车碾压过程中，要及时扫回飞散的集料，待泛油稳定后将多余的集料清扫回收。

15 路面磨光维修宜在磨光路面上加铺抗滑表层或铣刨加罩。抗滑表层宜采用乳化沥青稀浆封层或微表处等工艺。

16 采用了温拌沥青混合料、排水性沥青混合料、橡胶沥青混合料、彩色沥青混合料等材料的沥青路面，在日常养护维修时宜尽量采用同类型的材料进行修复。

4.3.4 水泥混凝土路面养护应符合下列规定：

1 水泥混凝土路面常见损坏包括裂缝、破碎板、板角断裂、错台、拱起、边角剥落、填缝料损坏、坑洞、唧泥、露骨、板底脱空、沉陷等。

2 水泥混凝土路面预防养护包括板底灌（注）浆、更换填缝料等内容。应通过预防性养护保持水泥混凝土路面完好，质量要求应符合现行行业标准《公路水泥混凝土路面养护技术规范》JTJ 073.1的相关规定。

3 水泥混凝土路面修复养护包括破碎和修复旧路面、挖除和加铺基层/面层、水泥混凝土路面碎石化等内容。应通过修复养护保持水泥混凝土路面结构稳定、完好，质量要求应按现行行业标准《公路水泥混凝土路面养护技术规范》JTJ 073.1的相关要求执行。

4 裂缝的维修应符合下列要求：

1）当裂缝宽度小于3 mm、边缘无碎裂现象时，宜直接灌注热沥青或填缝料等。

2）当裂缝宽度不小于3 mm、无基层松动时，应先清除缝隙中的泥土、杂物，填入3 mm～6 mm的清洁石屑，再灌入热沥青或填缝料。如基层出现明显松动，宜采用全深度补块分集料嵌锁法进行修补。

5 破碎板的维修应符合下列要求：

1）当板块破碎不大于 3 块且板块无松动时，宜直接灌注热沥青或填缝料等。

2）当板块破碎大于 3 块或破碎板块出现松动时，应整块翻修。

6 板角断裂的维修应符合下列要求：

1）板块出现轻微的板角断裂，宜采用沥青混合料或接缝材料修补平整。

2）板块出现严重的板角断裂，宜采用部分或全部凿除后修补。

7 错台的维修应符合下列要求：

1）高差在 5 mm～10 mm 的错台，应采用磨平机进行磨平或人工凿平。磨平同时洒水，磨平后刻纹并清除接缝内的杂物，吹净灰尘，重新灌缝。

2）高差大于 10 mm 的错台，应采用板底注浆法顶升下沉板。顶升后高差在 10 mm 以内的，应采用磨平机磨平或人工凿平；高差仍旧大于 10 mm 的，宜采用砂粒式沥青混凝土或聚合物细石混凝土进行处治。

8 拱起的维修应符合下列要求：

1）板端拱起但路面完好时，应先切开拱起端，将板块恢复原位，在缝隙和其他接缝内进行清缝，并灌填缝料。填缝料应密实、饱满。根据板块拱起的高低程度，计算出要切除部分板块的长度。将拱起板块的两侧横缝切宽，待应力充分释放后，切除拱起端。板块恢复原位后，在缝隙和其他接缝内进行清缝，并灌填缝料。

2）板端发生破损或断裂时，应切割、凿除断裂或损坏部分，用水泥混凝土或冷补料等材料修补，应与原路面保持平整。

3）板因拱起而发生断裂或损坏，应采取应急措施，切割、凿除断裂或损坏部分，宜用沥青混凝土临时修补，然后采用部分或全部凿除后修补。

4）拱起板两端间因硬物夹入而发生的拱起，应将硬物清除，使之恢复原位，清理接缝内杂物和灰尘，灌填缝料。

5）胀缝间因传力杆部分或全部在施工中设置不当，使板受热时不能自由伸张而发生的拱起，应重新设置胀缝。

9 板块出现边角剥落时，应将剥落的表面清理干净，并凿成规则垂直面后用沥青混凝土或接缝材料修补平整。

10 填缝料损坏的维修应符合下列要求：

1）应及时清除嵌入接缝内的砂石及其他坚硬杂物，保证混凝土路面板块的正常伸缩。

2）填缝料材料性能应符合现行行业标准《公路水泥混凝土路面接缝材料》JT/T 203 的规定。

3）清缝、灌缝作业应使用专用机具，灌缝前应确保缝槽清洁、干燥。填缝料灌注厚度宜为 3 cm～4 cm。当缝深过大时，缝的下部可填 2.5 cm～3.0 cm 高的多孔柔性垫底材料或泡沫塑料支撑条。填缝料灌注的高度在夏天宜与路面持平，冬天宜稍低于路面。灌缝前应在缝两侧各刷宽度 5 cm～10 cm 泥浆（或石灰浆），灌缝后应清除缝外灌缝料。

4）填缝料在高温下出现外溢流淌，影响路面平整度和路容时应予以清除；填缝料凸出量大于养护质量标准时应铲平。

5）填缝料宜 2 年～3 年更换 1 次，宜在春秋两季、气温适宜且较干燥时进行。填缝料出现严重损坏时，应及时进行整条接缝的更换。

11 坑洞的维修应符合下列要求：

1）对较浅（小于 3 cm）的个别坑洞，应清除洞内的杂物，凿除修复区内的混凝土且深度不应小于 5 cm，清除杂物和混凝土碎屑，用水泥砂浆或细石混凝土填实，保持表面平整。

2）对较多较浅且连成一片的坑洞或较大面积的坑洞，可采用沥青混凝土进行修补。修补工艺如下：切割修补区，切割线应与路中心线平行或垂直；切割深度应在 6 cm 以上，但不应超过 1/3 板厚，并将切割面凿毛；清除松动的混凝土，用气泵吹掉所有灰尘和混凝土碎屑，并涂刷黏层沥青，沥青用量为 0.4 kg/m^2～0.6 kg/m^2；用沥青混凝土填入槽内，并碾压密实平整，保持与原混凝土路面齐平。

12 唧泥的维修应符合下列要求：

1）水泥混凝土路面唧泥损坏，应采取注浆处理，其要求应按本条第 14 款的规定执行。

2）水泥混凝土路面板块进行注浆处理后，应对接缝重新处理并灌缝，其要求应按本条第 10 款的规定执行。

3）唧泥处理需设置排水设施的，其要求应按本条第 15 款的规定执行。

13 露骨的维修应符合下列要求：

1）水泥混凝土板表面露骨宜采用封层和沥青混凝土罩面进行维修。

2）在罩面前应对水泥混凝土板进行修整和处理，使路面干燥清洁，不得有尘土、杂物和油污。喷洒黏层沥青，用量为 0.4 kg/m^2～0.6 kg/m^2，应洒布均匀。当气温低于 10 ℃或路面潮湿时，不得喷洒黏层沥青。喷洒黏层沥青后，应立即铺筑沥青层，除沥青混合料运输车辆外严禁其他车辆、行人通过。

3）封层罩面适用于交通荷载等级为中等（含）及以下的水泥混凝土路面，且封层罩面厚度不宜小于 6 mm。质量要求应符合现行行业标准《公路沥青路面施工技术规范》JTG F40 的相关规定。

4）沥青混凝土罩面要求应符合现行行业标准《公路水泥混凝土路面设计规范》JTG D40 和《公路沥青路面施工技术规范》JTG F40 的相关规定。

14 水泥混凝土路面板块与基层之间出现空隙导致板底脱空，可采用沥青灌注或水泥灌浆法等进行板下封堵，施工工艺及材料要求应按现行行业标准《公路水泥混凝土路面养护技术规范》JTJ 073.1 的相关规定执行。

15 板块沉陷的维修应符合下列要求：

1）板块沉陷可按本条第 14 款的要求进行板底注浆，然后进行加铺层处理。如果板块基层损坏，则应翻挖基层，重新修筑道路结构层。

2）板块沉陷并产生破碎时，应翻修整块板，并设置排水设施。

3）设置排水设施时，路面和路肩应保持设计横坡，宜铺设硬路肩；路面裂缝、接缝以及路面和硬路肩接缝应进行密封；宜设置纵向积水管和横向出水管。

4）设置盲沟应沿水泥混凝土路面板块的外侧边缘挖一条纵向沟，沟底应低于路面板以下 10 cm，隔 20 m～50 m 在水泥混凝土路面板块接缝处挖横向沟。沟槽底面及外侧铺油毡隔离层，沿水泥混凝土路面交界处及盲沟顶部铺设土工布过滤层。盲沟内宜填筑碎（砾）石过滤材料。盲沟上应用相同材料恢复路面（路肩）。检查道路边沟，确保排水畅通。

4.3.5 人行道的养护应符合下列规定：

1 人行道养护范围包括人行道基础、面层及无障碍设施、缘石、踏步等。人行道应经常巡查，发现缺损或被占用应及时修补和处理。

2 人行道应处于完好状态，人行道养护应符合下列要求：

1）表面平整，无积水，砌块无松动、残缺，相邻块高差符合要求。

2）侧石、平石、踏步稳定牢固，不得缺少。

3）人行道检查井盖不得凸起、沉陷，检查井盖不得缺失。

4）盲道上的导向砖、止步砖位置应安装正确。

3 人行道基础养护应符合下列要求：

1）人行道出现变形下沉和拱胀凸起时，应对基础进行维修。

2）修复挖掘的人行道基础，沟槽回填的最小宽度应满足夯实机械的最小工作宽度，且不得小于 600 mm，回填材料应分层夯实，分层的厚度应小于夯实机械最大振实厚度；不能满足回填最小宽度时，可采用灌筑混凝土等方法回填密实。沟槽回填应高于原路床，夯实后整平，恢复面层。

4 人行道面层养护应符合下列要求：

1）因两侧建筑物的管道排水不良、树根推挤或汽车停放等因素导致的人行道面层破损，应分析其原因并采取相应改善措施后，再进行人行道面的修补。

2）道面整体修补，应使用不低于原结构强度的同类材料。修理部位的新旧接茬，应平整密实。特别在检查井、雨水口以及公用事业井框接触处，应精心修复。

3）道面修补更换侧、平石时，应先更换侧、平石后再修补面层。靠近侧石处的人行道应高出侧石顶面 5 mm；对布置绿化地段，宜先将花坛墙体砌好，再修补面层。

4）铺筑普通人行道面层，应在具有一定强度基础上采用水泥干拌黄砂或水泥砂浆垫层。

5　人行道缘石养护应符合下列要求：

1）人行道缘石包括侧石、平石和路缘石。缘石应保持稳固、直顺，发生挤压变形、拱胀变形时应予以调整。调整后的缘石接缝处砂浆应嵌缝密实，并及时勾缝。

2）更换的缘石材料、规格应与原路保持一致。预制水泥混凝土缘石强度不应低于 30 MPa。

3）翻排缘石时，应采用不低于 C15 的水泥混凝土做缘石基础。

4）平石与路面相接边线应平整，且不得低于雨水进水口，保持排水通畅，无积水现象。平石与侧石错缝对中相接。

6　人行道踏步损坏或失稳，应及时维修。维修后的踏步每阶高度应一致。当踏步顶面为贴面时，应具有防滑性能。

4.3.6　掘路修复应符合现行上海市工程建设规范《城市道路掘路修复技术规程》DG/TJ 08—2257 的相关规定。

4.3.7　旧料利用应符合下列规定：

1　应对沥青路面旧料回收再生利用，质量要求应符合现行行业标准《公路沥青路面再生技术规范》JTG F41 的相关规定。

2　应对旧水泥混凝土板块旧料进行利用，水泥混凝土旧料可用作道路垫层材料或水泥混凝土粗骨料。用作道路垫层材料时应满足表 4.3.7-1 的要求，用作水泥混凝土粗骨料时应满足表 4.3.7-2 的要求。

表 4.3.7-1　水泥混凝土旧料作道路垫层质量要求

项目		技术要求				
筛分析	通过筛孔(mm)	方孔	100	75	4.75	最大粒径小于铺筑厚度 0.7
	重量比(%)		100	80～100	20～50	
强度		压碎值不大于 30%				

表 4.3.7-2 水泥混凝土粗骨料质量要求

项目		技术要求				
筛分析	通过筛孔(mm)	方孔	40	20	10	5
	重量比(%)		95~100	35~70	10~25	0~5
压碎值(%)		<20				
针片状颗粒(%)		<20				
含泥量(%)		<1.0				

注:粒径小于 20 mm 的旧混凝土不再作为集料,而宜采用新的碎石。

4.4 排 水

4.4.1 排水设施养护应符合下列规定:

1 应预先检查既有边沟和管渠等排水设施的功能状况及结构状况,对于有结构性或功能性缺陷的排水设施应予以整修或增设。

2 应复核路面、中央分隔带及超高段的排水能力,不满足要求时应进行整修或增设。

3 应复核泵站及地道内排水的汇水面积,不满足要求的宜增设驼峰以及截水沟,使泵站及地道内排水符合现行国家标准《室外排水设计规范》GB 50014 及现行上海市工程建设规范《城市排水泵站设计规程》DGJ 08—22 的相关规定。

4 排水设施的整修与增设应按现行行业标准《公路排水设计规范》JTG/T D33、《城镇排水管道维护安全技术规程》CJJ 69、《城镇排水管渠与泵站运行、维护及安全技术规程》CJJ 68 的相关规定执行。

5 排水设施整修与增设应按规划标准设计,不满足规划标准的排水设施宜按规划标准改建。

6 管道平面布置和高程应根据道路线形、道路结构、排水服务范围、土质、地下水位、排水设施、地下设施、施工条件及养护要求等因素综合考虑确定。

7 路基排水设施断面尺寸和纵坡应符合原设计标准。原有排水设施不能满足使用要求时，应适时增设和完善。新增排水设施时，其设计、施工应按现行行业标准《公路路基设计规范》JTG D30 和《公路路基施工技术规范》JTG F10 的相关规定执行。

4.4.2 排水设施日常巡查应符合下列规定：

1 路基排水设施应保持排水畅通。如有冲刷、堵塞和损坏，应及时疏通、修复或加固。

2 边沟、截水沟、排水沟、跌水槽、急流槽、明沟、暗沟、渗沟等排水设施，在汛前均应全面检查、疏通。

3 雨中应加强巡查，及时排除堵塞并疏流，保持水流畅通，防止水流直接冲刷路基。

4 暴雨后应重点检查。如有冲刷、损坏，应及时修理加固；如有堵塞，应立即清除。

5 对暗沟、渗沟等隐蔽性排水设施，应加强检查，防止淤塞；如有淤塞，应及时修理、疏通。

4.4.3 边沟整修、增设应符合下列规定：

1 边沟应经常保持设计断面，及时清除淤塞和杂草，满足排水需要。

2 土质沟渠的沟底最小纵坡不应小于 0.25%，沟壁铺砌沟渠的沟底最小纵坡不应小于 0.12%，其他类型沟渠的沟底最小纵坡不宜小于 0.5%；当边沟纵坡不能满足排水需要时，应调整边沟纵坡。

3 梯形、矩形边沟出水口间距不宜超过 500 m，三角形和碟形边沟出水口间距不宜超过 200 m。当边沟长度过长时，应分段将水流引出路基以外，或设置排水沟、涵洞等将水排出，使水不积聚在边沟内，影响路基稳定。

4 对有可能被冲刷的土质边沟、截水沟、排水沟等的加固，应结合地形、地质、纵坡、流速等实际情况，按照表 4.4.3-1 和表 4.4.3-2 的规定执行。

表 4.4.3-1　排水沟渠加固类型选择参考

型式	名　称	厚度(cm)
简易	夯实沟底沟壁 水泥砂浆抹平 石灰三合土抹平 黏土碎(砾)石加固 石灰三合土碎(砾)石加固	 2～3 3～5 10～15 10～15
干砌	干砌片石 干砌片石水泥砂浆抹平	10～15 10～15
浆砌	浆砌片石 浆砌混凝土预制块 砖砌	15～25 6～10

表 4.4.3-2　边沟加固类型与纵坡关系

纵坡(%)	<1	1～3	3～5	5～7	>7
加固类型	不加固	土质好，不加固； 土质不好，简易加固	干砌	干砌或浆砌	浆砌

4.4.4　渗沟整修、增设应符合下列规定：

1　渗沟如发现沟口长草、堵塞，应及时清除和冲洗。

2　如碎(砾)石层失去渗水作用，应翻修，剔除较小颗粒砂石，补充大颗粒碎(砾)石，以保持空隙，利于排水；如渗沟设置位置不当，应考虑另建。

3　渗沟整修、增设应符合现行行业标准《公路排水设计规范》JTG/T D33 和《公路路基设计规范》JTG D30 的相关规定，并应符合下列要求：

1) 渗沟纵坡坡度不宜小于 0.5%；条件困难时，主沟坡度不应小于 0.25%，支沟最小坡度不应小于 0.2%；增设渗沟宜设置较大的纵坡坡度，出水口段宜加大纵坡坡度。

2）渗沟的出水口间距不宜大于 300 m，并应妥善处理出水口的排水通道。

3）应根据设计流量确定渗沟的设计尺寸，渗沟的水流流速宜在允许范围内。

4）渗沟排水管可采用带槽孔的塑料管或水泥混凝土管。渗沟长度不大于 1.5 m 时，排水管最小内径不应小于 150 mm；渗沟长度大于 1.5 m 时，排水管最小内径不应小于 200 mm。

5）渗沟的埋置深度应综合地下水位高程、地下水位需下降的深度以及含水层介质的渗透系数等因素确定。

6）渗沟排水管周围应回填渗水性材料。管底回填料的厚度宜为 150 mm，管两侧回填料的宽度不宜小于 300 mm。渗沟位于路基范围外时，渗水性回填料顶部应覆盖不透水填料 150 mm。

7）当渗沟内的地下水排放到路界地表排水系统时，出水口处的地下水应处于无压状态。

4 设计与施工符合现行行业标准《公路排水设计规范》JTG/T D33、《公路路基设计规范》JTG D30 和《公路路基施工技术规范》JTG F10 的相关规定。

4.4.5 排水管道整修、增设应符合下列规定：

1 增设、整修管道时，排水管道基础、接口的设置及处理应符合下列要求：

1）处于地基松软或不均匀沉降地段的管道基础应采取加固措施，并做好加固区域和非加固区域的均匀过渡。

2）管道接口应采用柔性接口，宜有防止接口发生微小变形后管周土体进入管道内部的措施。

3）增设的管道与现有管道结构衔接处应做加固处理。

4）对废弃管道宜挖除清理；对于难以挖除的，应进行稳定材料填充处理。

2　管材选用、管道敷设及沟槽回填应符合下列要求：

1）合流、污水管道宜选用塑料管或内壁有足够耐久性预制防腐层的管材。

2）主管道宜布置在道路路床处理范围下。

3）支管与连管宜布置在道路底基层下。

4）沟槽回填材料宜选用中粗砂等易压实材料。

5）管顶以上 500 mm 直至道路路基顶面范围，沟槽回填应采用分层回填、整平与压实。

3　设计与施工应按现行上海市工程建设规范《城镇排水工程施工质量验收规范》DG/TJ 08—2110 和《道路、排水管道成品与半成品施工及验收规程》DG/TJ 08—87 的相关规定执行。

4.4.6　排水管道非开挖整修、增设应符合下列规定：

1　当存在结构性损坏的排水管道在同时符合以下情况时，宜采用非开挖整修：

1）排水管道结构强度良好。

2）排水管道排水能力满足流量及养护要求。

3）现场有条件进行非开挖施工。

2　当符合以下情况之一时，宜采用非开挖增设排水管道：

1）交通流量大、封闭交通施工有困难。

2）路面基层结构良好，开挖施工可能对路面结构造成破坏。

3）埋设的排水管道埋深较大。

4）增设横穿公路管道时。

3　排水管道非开挖整修应根据管道安全性监测评估鉴定报告进行设计，并确定修复或更新方法。非开挖修复或更新方法应符合现行行业标准《城镇排水管道非开挖修复更新工程技术规程》CJJ/T 210 的相关规定。

4　增设非开挖管道应按现行国家标准《室外排水设计规范》GB 50014 的相关规定执行，并应符合下列要求：

1）管道位置应避开地下障碍物，为日后其他管线铺设预留空间。

2）工作井宜根据公路断面布置，不占或少占用车行道。

3）选择的非开挖顶管或定向钻进工艺应能精确控制高程变化，满足设计标高要求。

5　设计与施工按现行上海市工程建设规范《城镇排水工程施工质量验收规范》DG/TJ 08—2110 和《道路、排水管道成品与半成品施工及验收规程》DG/TJ 08—87 的相关规定执行，并应符合下列要求：

1）应针对损坏的类型、部位、范围、严重程度选择局部或整体修复工艺。

2）修复后应满足管道流量、强度要求及现场施工条件要求。

4.4.7　检查井、雨水口养护应符合下列规定：

1　路面上检查井和雨水口的井具，其材料应满足道路通行要求。安装应牢固并保持与路面平顺相接。检查井及其周围路面 1.5 m×1.5 m 范围内不得出现沉陷、突起或破损。

2　检查井和雨水口的井具出现松动，或发现井座、井盖、井箅断裂、丢失或不配套，应立即维修补装完整。

3　在路面上设置的其他种类的检查井，应符合现行国家标准《检查井盖》GB/T 23858 的规定。

4　检查井、雨水口的沉陷处理应符合下列要求：

1）对井筒腐蚀、损坏或井墙塌帮，应拆除至完好界面重新砌筑。

2）砌筑材料应采用专用砌块或预制检查井。

3）整平和调整井口高度时不得使用碎砖、卵石或土块支垫。

4）整平和调整井口时应采取防沉降措施。

5）安装检查井和雨水口的井座时，应采用细石类混凝土坐浆或灌浆，其强度不应小于 30 MPa。

6）检查井井座与路面的安装高差应控制在 5 mm 以内。

7）维修后的检查井和雨水口，在养生期间应设置围挡和安全标志。

8）维修后的检查井和雨水口在修补路面前，井座周围和面层以下道路结构部分应夯填密实，其强度和稳定性不应小于原道路结构要求。

9）雨水口的安装高度应低于该处路面标高 20 mm。应在雨水口向外不小于 1 m 范围内顺坡找齐。

10）改造或增设的雨水口，应满足排水养护和设计的要求。

11）当检查井维修调整需快速恢复交通或应急抢修时，宜采用快速修复材料。

4.4.8 排水泵站养护应符合下列规定：

1 泵站的运行、维护应按现行国家标准《恶臭污染物排放标准》GB 14554、《声环境质量标准》GB 3096 和《用电安全导则》GB/T 13869 的相关规定执行。

2 维护泵站设施时，必须先对有毒、有害、易燃易爆气体进行检测与防护。

3 排水泵站应采用二级负荷供电，特别重要地区的泵站，应采用一级负荷供电。当不能满足上述要求时，应设置备用供电设施。

4 水泵维修后，流量不应低于原设计流量的 90%；机组效率不应低于原机组效率的 90%；汛期雨水泵站除备用机组外，可运行率应为 100%。

5 泵站机电、仪表和监控设备应根据原产品技术要求配备相应的易损零配件。

6 泵站设施、机电设备和管配件等表面应清洁、无锈蚀。气液临界部位应加强检查，并应进行防腐蚀处理。除锈、防腐蚀处理维护周期，雨水泵站宜 2 年 1 次，污水泵站宜每年 1 次。

7　泵站起重设备、压力容器以及易燃、易爆、有毒气体监测装置必须定期检测，合格后方可使用。

8　围墙、道路、泵房等泵站附属设施应保持完好，宜3年检查维护1次。

9　每年汛期前，应检查和维护泵站的自身防汛设施及器材。

10　应做好泵站的环境卫生和绿化养护工作。

11　泵站应做好运行与维护记录、安全用具检验保养记录，相关记录应定期纳入档案管理。

12　宜采用计算机系统进行泵站的监控管理，相关数据应及时传至泵站控制中心，并应做好数据备份。

4.5　桥　涵

4.5.1　桥涵养护应符合下列规定：

1　农村公路的桥梁和涵洞，应按相关标准规范要求开展经常性检查、定期检查和专项检查等工作。

2　桥梁管养单位应对辖区内所有桥梁建立“桥梁基本状况卡片”，卡片应按行业标准《公路桥涵养护规范》JTG H11—2004附录A制作，并建立健全完善的桥梁技术档案，加强桥梁档案管理工作。

3　公路桥涵养护工作应按“预防为主、防治结合”的原则，以桥面养护为中心，以承重部件为重点，加强全面养护。

4　应加强桥涵的日常巡查。桥梁日常巡查包括查看桥面是否破损、是否整洁，桥梁栏杆、人行道等设施是否完好，泄水孔是否通畅，伸缩缝是否完好，桥下过水是否通畅。

5　桥涵养护应符合下列要求：

1）外观整洁、无杂物。

2）桥面铺装坚实平整、横坡适度。

3）桥梁排水、伸缩缝、支座、护墙、栏杆、标线等设施齐全、功能良好。

6 桥梁日常养护包括清洁桥面、疏通泄水孔、清理伸缩缝杂物、清理桥下堆积杂物及垃圾等内容。应通过日常保养保持桥面整洁、排水顺畅。

7 严禁在桥面、桥孔堆放杂物或占位晒场。遇冰雪等天气时,应清除积雪,防止桥面结冰。

8 应加强对4类和5类桥梁和涵洞的监管,4类桥梁和涵洞应设置安全警示标志及限速限载标志等,5类桥梁和涵洞应封闭交通。

9 桥梁和涵洞的预防养护指桥涵周期性预防处治,如防腐、防锈、防侵蚀处理等;桥梁构件的集中维护或更换,如伸缩缝、支座等。应通过预防养护保持桥涵结构状态良好、伸缩装置和支座的功能正常,质量要求应符合现行行业标准《公路桥涵养护规范》JTG H11的相关规定。

10 桥梁和涵洞的修复养护指桥涵加固、损坏修复,包括处治桥面裂缝、坑槽,修复桥面铺装、护栏、拉索,修理伸缩缝、泄水孔,修补栏杆、人行道、灯柱、桥头搭板、枕梁,修复墩台基础、锥坡、翼墙,加固桥体等内容。应通过修复养护保持桥涵结构稳定、状态良好,质量要求应符合现行行业标准《公路桥涵养护规范》JTG H11的相关规定。

11 桥梁和涵洞的专项养护指针对阶段性重点工作实施的专项桥涵养护治理。

12 桥梁和涵洞的应急养护是指对自然灾害或其他突发事件造成的障碍物的清理,桥涵突发损毁的抢通、保通、抢修,突发的经判定可能危及桥涵通行安全的重大风险的处治。

13 没有设置永久性控制检测点的既有大、中桥和特大桥,应在定期检查时按规定补设。测点的布设和首次检测的时间及数据等,应按竣工资料的要求予以归档。桥梁主体结构维修、加固或改建工程竣工后,应保持原有的永久性控制检测点,并重新检测一次。

4.5.2 桥梁检查与评定应符合下列规定：

1 应按照交通运输部《公路桥梁养护管理工作制度》的要求，并根据桥梁的不同技术状况，对桥梁进行经常检查、定期检查和特殊检查。

2 经常检查主要指对桥面系、桥梁上部结构以及桥梁附属设施的技术状况进行的日常巡视检查。

1） 经常检查过程中，检查人员应当场填写“桥梁经常检查记录表”，具体格式应符合行业标准《公路桥涵养护规范》JTG H11—2004 附录B的要求，现场登记所检查项目和缺损类型，估计缺损范围和养护工程量，提出相应的小修措施，为编制小修计划提供依据。经常检查的内容应包括表 4.5.2-1 中的内容。

表 4.5.2-1 经常检查的内容

结构部位	检查内容
上部结构	观察有无异常变形(如异常的竖向振动和横向摆动)、竖曲线是否变形等
桥面铺装	是否平整、整洁，有无裂缝、坑槽、积水、沉陷、波浪、渗漏，桥头有无跳车
排水设施	是否良好，桥面泄水管(孔)是否堵塞和破损
支座	是否完好，有无脱空、错位、老化、开裂、变形等
伸缩缝	是否堵塞卡死，联接部件有无松动、脱落、局部破损
人行道、栏杆、防撞护栏(隔离墩)、扶手和引道护栏(柱)	有无断裂、松动、错位、缺损、剥落、露筋等
墩台	是否受到外力撞击而受损，是否有沉降
基础	是否受到冲刷损坏、外露、悬空
翼墙(侧墙、耳墙)	有无开裂、倾斜、滑移、沉降、风化剥落和异常变形

续表4.5.2-1

结构部位	检查内容
锥坡、护坡	有无塌陷、缺损、勾缝脱落、灌木杂草丛生等
桥梁限载牌、桥梁交通安全设施以及其他桥梁附属设施	是否完好
桥下	是否有私自搭建、堆物、泊船带缆等违章现象
其他明显的损坏	

2）应每季度对桥梁检查1次，技术状况为4类、5类的桥梁应每月检查1次，汛期应增加检查频率。

3 定期检查应由有经验的桥梁工程师主持并配以必要的仪器量具，或委托有相应资质和能力的单位承担。

1）定期检查应填写“桥梁定期检查记录表”，具体格式应符合行业标准《公路桥涵养护规范》JTG H11—2004附录C的要求。定期检查内容根据桥梁结构形式的不同而定，应包括表4.5.2-2中的内容。

表4.5.2-2 桥梁定期检查的内容

结构部位	检查内容
桥面系构造	桥面铺装层有无严重的裂缝（龟裂、纵横裂缝）、坑槽、波浪、防水层渗漏；桥面纵、横坡是否顺适，有无桥头跳车现象
	伸缩缝是否有异常变形、破损、脱落、漏水，是否造成明显的跳车
	人行道构件、栏杆、护栏有无断裂、错位、缺损、剥落、露筋等
	桥面排水是否顺畅，泄水管（孔）是否完好、畅通，桥头排水沟功能是否完好
	限载标志是否完好、醒目，限载吨位是否准确，设置位置是否恰当
	桥梁和照明设施、通信、供电、避雷装置等附属设施是否完好

续表4.5.2-2

结构部位	检查内容
钢筋混凝土和预应力混凝土梁桥主梁	混凝土梁体有无裂缝、表面风化、剥落、露筋等现象，箱型梁的腹腔内是否有积水
	预应力钢束锚固区混凝土有无开裂，沿预应力筋的混凝土表面有无纵向裂缝，有无严重碳化
	梁（板）式结构主要检查梁（板）跨中、支点、变截面处、连续梁和悬臂梁负弯矩部位、悬臂端牛腿等部位，桁架结构主要检查桁架节点部位混凝土开裂和钢筋锈蚀等缺损状况
装配式梁桥	组合梁的桥面板与梁的结合部位，以及桥面板之间的接头处混凝土有无开裂、渗水
	横向联结构件是否开裂，连接钢板的焊缝有无锈蚀、断裂，边梁有否横移或向外倾斜
拱桥	主拱圈的拱板或拱肋是否开裂、渗水；钢筋混凝土拱有无露筋、锈蚀等缺损状况；圬工拱桥砌块有无压碎、局部松动、脱落，砌缝有无脱离或脱落、渗水，拱铰工作是否正常
	拱上立柱（或立墙）上下端、盖梁和横系梁的混凝土有无开裂、剥落、露筋和锈蚀；拱的侧墙与主拱圈间有无脱落，侧墙有无鼓突变形、开裂，实腹拱拱上填料有无沉陷；空腹拱的小拱有无变形、开裂、错位，立墙或立柱有无倾斜、开裂；肋拱桥的肋间横向联结是否开裂、表面剥落、钢筋外露、锈蚀等
	双曲拱桥还应注意检查拱肋间横向联结拉杆是否松动或断裂，拱波与拱肋结合处是否开裂、脱开，拱波之间的砂浆有否松散脱落，拱波顶是否开裂、渗水等
	系杆拱还应检查系杆是否开裂，无混凝土包裹的系杆是否有锈蚀
支座	支座是否完好、清洁，有无断裂、错位、脱空，支承垫石是否有裂缝等现象
	简易支座的油毛毡是否老化、破裂或失效，垫层厚度是否满足位移要求
	橡胶支座是否老化、开裂，位置是否正确
墩台与基础	有否滑动、倾斜、沉降
	台背填土有无沉降、裂缝或挤压隆起
	混凝土墩台及帽梁有无风化、开裂、剥落、露筋等
	基础下是否发生不许可的冲刷或淘空现象；扩大基础的地基有无侵蚀；桩基顶段在水位涨落、干湿交替变化处有无冲刷磨损、颈缩、露筋

2）桥梁定期检查中发现的各种缺损均应在现场用油漆等将其范围及检查日期标记清楚。发现3类以上桥梁、有严重缺损和难以判明损坏原因及程度的桥梁，应作影像记录，并附损坏状况说明。

3）通过对桥梁的定期检查，应按本条第5款的要求对桥梁的技术状况进行评定。

4）定期检查周期不应低于每3年1次，特殊结构桥梁应每年1次。

4 特殊检查应委托有相应资质和能力的单位承担。

1）当桥梁在遇到表4.5.2-3中特定情况时，应进行桥梁特殊检查。

表4.5.2-3 桥梁应进行特殊检查的情况

序号	特定情况
1	桥梁遭受洪水冲刷，漂流物或船舶撞击，地震、滑坡、风灾、火灾以及超重车辆通过后对桥梁造成严重损坏的
2	定期检查中桥梁技术状况被评为4类、5类或损坏原因及程度难以判明的
3	桥梁需要拓宽加固利用或提高承载能力的
4	对于正常使用状态的特大桥或特殊重要的桥梁，在使用15年后，应进行一次特殊检查，以后每隔10年进行1次

2）桥梁的特殊检查评定应符合有关标准和技术规范的要求。

3）桥梁特殊检查应针对表4.5.2-4中的主要问题做出鉴定。

表4.5.2-4 桥梁特殊检查报告需鉴定的主要问题

序号	主要问题
1	桥梁结构材料缺损状况，包括对材料物理、化学性能损坏程度及缺损原因的测试鉴定
2	桥梁结构承载能力，包括对结构强度、稳定性和刚度的验算、试验和鉴定

4）承担特殊检查的单位在完成检查任务后应出具检查报告。检查报告应包括表 4.5.2-5 所列主要内容。

表 4.5.2-5　桥梁特殊检查报告主要内容

序号	检查报告主要内容
1	概述检查的一般情况，包括桥梁的基本情况、检查的组织、时间、背景和工作过程等
2	目前桥梁技术状况的描述，包括现场调查、试验与检测项目及方法、检测数据与分析结果和桥梁技术状况评价等
3	详细阐述检查部位的损坏程度及原因，评定已建桥梁的承载能力和继续使用的安全性，并提出结构部件和总体的修理、加固或改建的建议方案

5　桥梁技术状况评定分为一般评定和适应性评定。

1）一般评定是依据桥梁定期检查资料，通过对桥梁各部件技术状况的综合评定，划定桥梁各部件及总体技术状况类别，提出各类桥梁的养护措施。其评定方法应按现行行业标准《公路桥梁技术状况评定标准》JTG/T H21 执行。

2）适应性评定是对桥梁的承载能力、通行能力和抗洪能力周期性地进行评定。评定周期一般为 5 年。评定工作可与桥梁的定期检查、特殊检查结合进行。

承载能力、通行能力的评定一般采用现行荷载标准及交通量，也可考虑使用期预测交通量。承载能力、通行能力评定方法按现行行业标准《公路桥梁承载能力检测评定规程》JTG/T J21 执行，抗洪能力评定方法按现行行业标准《公路桥涵养护规范》JTG H11 执行。

3）对一般评定划定的各类桥梁，分别采取不同的养护对策措施，应符合表 4.5.2-6 的要求。各类桥梁预防养护宜结合修复养护、专项养护一并实施。桥梁技术状况分类标准按现行行业标准《公路桥梁技术状况评定标准》JTG/T H21 执行。

表 4.5.2-6　一般评定划定的各类桥梁采取的不同养护对策措施

桥梁技术状况评定等级	养护对策措施
1类	可进行日常养护
2类	宜实施修复养护
3类	宜实施修复养护，酌情进行交通管制
4类	应实施修复养护、专项养护或应急养护，及时进行交通管制，如限载、限速通过；当缺损严重时，应关闭交通
5类	应实施修复养护、专项养护、应急养护、改建或重建，及时关闭交通

4）对适应性不能满足的桥梁，应采取提高承载力、加宽、加长、基础防护等改造措施。若整个路段有多座桥梁的适应性不能满足，则应结合路线改造进行方案比较和决策。

5）公路旧桥、线路整体评定分为使用价值评定、承载能力评定、通行能力评定和泄洪能力评定。

6　各类混凝土结构和圬工结构的梁、拱、墩台等，在永久荷载作用下的裂缝最大限值应符合表 4.5.2-7 的要求。构件裂缝宽度值在限值以内时，应进行封闭处理；裂缝宽度大于限值时，应进行修补或加固，以保证结构的耐久性。

表 4.5.2-7　裂缝宽度限值

结构类型	裂缝种类	允许最大缝宽（mm）	其他要求
钢筋混凝土梁	主筋附近竖向裂缝	0.25	/
	腹板斜向裂缝	0.30	/
	组合梁结合面	0.50	不允许贯通结合面
	横隔板与梁体端部	0.30	/
	支座垫石	0.50	/

续表4.5.2-7

<table>
<tr><th>结构类型</th><th colspan="3">裂缝种类</th><th>允许最大缝宽(mm)</th><th>其他要求</th></tr>
<tr><td rowspan="2">预应力混凝土梁</td><td colspan="3">梁体竖向裂缝</td><td>不允许</td><td>/</td></tr>
<tr><td colspan="3">梁体纵向裂缝</td><td>0.20</td><td>/</td></tr>
<tr><td rowspan="3">砖、石、混凝土拱</td><td colspan="3">拱圈横向</td><td>0.30</td><td>裂缝高度小于截面高度一半</td></tr>
<tr><td colspan="3">拱圈纵向</td><td>0.50</td><td>裂缝长度小于跨径的1/8</td></tr>
<tr><td colspan="3">拱波与拱肋结合处</td><td>0.20</td><td>/</td></tr>
<tr><td rowspan="8">墩台</td><td colspan="3">墩台帽</td><td>0.30</td><td rowspan="8">不允许贯通墩身截面一半</td></tr>
<tr><td rowspan="5">墩台身</td><td rowspan="2">经常受侵蚀性水影响</td><td>有筋</td><td>0.20</td></tr>
<tr><td>无筋</td><td>0.30</td></tr>
<tr><td rowspan="2">常年有水,但无侵蚀性水影响</td><td>有筋</td><td>0.25</td></tr>
<tr><td>无筋</td><td>0.35</td></tr>
<tr><td colspan="2">干沟或季节性有水河流</td><td>0.40</td></tr>
<tr><td colspan="3">有冻结作用部分</td><td>0.20</td></tr>
</table>

4.5.3 桥面系的养护应符合下列规定:

1 应经常清除桥面上的泥土、杂物,保持桥面的整洁、平整。桥面出现损坏时应及时维修,保持桥面结构的完好。

2 应经常疏通已堵塞的泄水孔,保持桥面排水畅通、不积水。

3 桥面栏杆及桥头高路堤处护栏应保持完好状态,如损坏应及时修复。对未安装栏杆的,应及时补设。

4 伸缩装置应保持完好,能自由伸缩,经常处于良好的工作状态。若有损坏或功能失效,应及时维修或更换。

5 桥头因路堤沉降过大引起跳车影响交通时,应及时进行处理。

6 桥上的交通安全设施应保持完好，如损坏应及时整修或更新。

7 沥青混凝土桥面的养护应符合下列要求：

1）应及时处治沥青混凝土桥面出现的泛油、拥包、裂缝、波浪、坑槽、松散、车辙等各种损坏。

2）损坏严重、已老化的沥青混凝土桥面，应将整跨铺装凿除，重铺新的铺装层。不应采用在原桥面直接加铺的方法，以免增加桥梁恒载。

8 水泥混凝土桥面的养护应符合下列要求：

1）应及时处治水泥混凝土桥面出现的断裂、拱胀、错台及表层脱皮、磨光等各种损坏。

2）铺装层厚度应符合设计要求，不宜小于 80 mm。

3）混凝土强度等级应与原结构相同且不低于 C30。

4）铺装层内应配置钢筋网，钢筋直径应由设计确定。

5）新旧混凝土应结合良好。

6）新铺装的桥面混凝土应满足桥面平整度及排水的要求。

4.5.4 钢筋混凝土与预应力钢筋混凝土梁桥的养护应符合下列规定：

1 日常养护应符合下列基本要求：

1）清除梁体表面污垢，修补混凝土孔洞、破损、剥落、表面风化、保护层破损等损坏。

2）修复梁（板）体的各种纵、横构件的开裂或开焊、锈蚀、破损等损坏；应注意对预应力钢束及锚固区沿预应力钢束纵向梁体的混凝土破损进行维修。

3）保持箱梁内通风，补做箱梁未设的通风孔。

4）对发生预应力钢束应力损失造成的损坏，以及预应力混凝土裂缝、全预应力及部分预应力 A 类构件正常使用不允许出现的裂缝，应进行维修。

2 混凝土结构表面损坏的维修应符合下列要求：

1）混凝土表面损坏包括梁（板）体混凝土产生孔洞、蜂窝、表面风化、露筋或保护层剥落等。

2）应先对维修范围内的混凝土结构表面进行清理，将浮灰、油污、松动（松散）的混凝土等清除干净。

3）对露筋较深的，应将薄弱混凝土凿除，清除干净钢筋锈迹。

4）对维修部分用清水洗刷湿润或涂刷界面剂，对维修面积较小的宜采用水泥砂浆修补，对面积较大的宜采用高强混凝土修补。对保护层的维修，宜用喷射水泥浆的方法修补。修补采用的混凝土和水泥砂浆强度应符合设计要求，施工和验收应按有关规范执行。

5）修补后的混凝土结构表面应平整密实。

6）构件严重剥落或主筋外露锈蚀的表面损坏，应测定混凝土和钢筋的强度及碳化深度，由设计确定维修加固方案，并及时实施。

7）冬季施工昼夜平均气温低于 5 ℃时，应对修补的混凝土构件采取保温措施，保证混凝土的凝固硬化。

8）用于修补的混凝土、钢材，其强度和其他质量指标不应低于原桥材料。在 pH 值小于 5.6 的地区，所用水泥应根据环境特点，采用耐酸的硅酸盐水泥、抗铝硅酸盐水泥等。

3 钢筋混凝土梁桥裂缝的处理应符合下列要求：

1）当裂缝宽度在规范规定运行限制内且裂缝位置在跨中及重点区域内时，应对裂缝进行封闭处理。

2）当裂缝宽度大于规范规定允许限值且裂缝发展严重、破坏结构整体性、降低构件刚度、影响结构承载能力时，应委托有相应资质的专业检测单位对桥梁的结构承载力进行评估，维修加固处理。

3）预应力梁梁体发生锚固区裂缝、在端部中性轴区域内出现纵向水平裂缝、沿管道方向出现纵向裂缝的，应查明原因，进行处理或加固。

4 钢筋混凝土与预应力混凝土梁的加固应进行结构设计，并按设计图纸进行施工。常用的加固方法有增大构件截面、增加受力钢筋、粘贴钢板、粘贴碳纤维、改变梁体截面形式、增加横向联系等。对预应力结构，因预应力部分失效而进行加固时，有条件的也可对原钢束重新张拉；对原结构有预留孔的，可利用管道穿钢束进行张拉。腹板抗剪强度不足时，可采用施加竖向预应力的加固方法。

4.5.5 拱桥的养护应符合下列规定：

1 应及时修补圬工拱桥结构出现的表层缺陷和局部损坏，如圬工砌体边角压碎、砌块断裂或脱落、切缝砂浆脱离等。对产生的裂缝应通过观测，分析原因及严重程度，及时采取修补或加固措施。对拱轴已产生较大变形、拱圈损坏严重、承载力不足的圬工拱桥，应及时采取措施进行加固。

2 应及时修复钢筋混凝土拱桥（双曲拱桥、桁架拱桥）结构物表面出现的露筋、孔洞、麻面、剥落、老化等损坏。双曲拱拱肋之间横向连接，如横系梁、拱波顶纵沟开裂损坏时，应及时采取有效方法进行维修加固。桁架拱弦杆杆件产生裂缝、杆件端部开裂或节点局部开裂时，应及时采取措施维修加固。当拱圈强度不足、厚度偏小，产生变形出现开裂时，应及时进行加固。

3 圬工拱桥的养护维修应符合下列要求：

1）应保持结构物表面清洁，经常清除表面污垢及圬工砌体因渗水而在表面附着的游离物。

2）砖、石拱桥均应重视桥面排水，经常疏通泄水管孔，保持桥面排水畅通，如发现桥面漏水应及时修补。

3）应及时修补拱桥结构出现的表面缺陷和局部破损等各种损坏：圬工砌体的边角压碎、切块断裂，表面产生风化、剥落，可用水泥砂浆修补；个别砌体、压碎或脱落，应用新的块体填塞更换；砌缝砂浆发生脱离，应凿除后重新用干硬性砂浆或微膨胀砂浆填筑，表面重新勾缝。

4）对已产生较大变形、拱圈损坏、承载力不足的圬工拱桥，应及时采取加大拱圈或其他有效方法进行加固；对不能及时加固的，应采取限载或禁止通行的措施。

5）当拱桥下部结构产生破坏，如拱脚不均匀下沉严重或外移时，应及时对墩台采取有效方法进行加固。

4 钢筋混凝土拱桥（双曲拱桥、桁架拱桥）的养护应符合下列要求：

1）应保持桥面及结构物表面的整洁、完好。

2）应及时修复混凝土结构物表面出现的露筋、孔洞、麻面、剥落、老化等损坏。

3）双曲拱拱肋之间横向联接、拱波顶纵沟开裂损坏时，应及时采取粘贴钢板或高强碳纤维布等方法进行维修加固。

4）桁架拱弦杆杆件产生裂缝、杆件端部开裂或节点局部开裂时，应及时采取粘贴钢或纤维材料等措施进行维修加固。

5）当拱圈、拱波强度不足产生开裂超过最大裂缝宽度时，应进行加固。

6）当拱圈厚度偏小、强度不足时，应采取粘贴钢板、浇筑钢筋混凝土加大拱肋截面、挂网喷浆或混凝土加大拱圈截面等方法进行加固。

7）当拱桥墩台基础变形过大引起拱结构损坏时，应及时对墩台基础进行加固，之后再修复已损坏的拱上结构。

4.5.6 桥梁支座的养护与更换应符合下列规定：

1 日常养护应保持支座各部分完整、清洁，活动支座伸缩与转动正常。每半年检查1次，每年清扫1次。

2 支座出现缺陷故障，应及时维修或更换。

4.5.7 桥梁下部结构的养护应符合下列规定：

1 应做好墩台基础的日常养护工作，保持墩台结构表面整洁，桥下不能有堆物或违章建筑。当发现墩台基础损坏、情况有异常时，应及时采取维修加固措施，保持墩台基础的正常使用。当基础损坏严重、承载力不足时，可进行加固。

2 墩台基础的养护应符合下列要求：

1）在桥梁墩台基础周围应设置保护区，应采取措施保持保护区内河床的稳定，不得任意在保护区内作业或修建对桥梁有害的建筑物。

2）在桥下宜树立警示牌，明确规定禁止任何人或单位在保护区内进行危及桥梁安全的活动。

3）应保持墩台结构表面的整洁，清除杂草或其他杂物。

4）如发现混凝土墩台、桩柱排架表面发生裂缝露筋、破损，应及时修复。

5）如发现基础局部淘空、护坡等构筑物局部损坏，应及时修复。情况严重时，应进行加固处理。

6）对桥梁原有的防撞、导航、警示灯附属设施，应注意经常维护，使其保持良好状态。

3 基础加固的常用方法有扩大基础加固、增加桩基或加设钢筋混凝土耳墙加固、注浆加固等。

1）当桥梁墩台基础局部被冲空时，应及时采取有效措施加固，并进一步做好防护措施，以防再次被冲空。

2）当桥台基础发生滑移或倾斜时，必须及时分析原因，并根据具体情况采取措施进行加固。

3）当墩台基础由于承载力不足而引起沉降、影响桥梁正常使用时，可采用顶升及加桩提高基础承载能力的方法进行加固。

4 墩台身的养护应符合下列要求：

1）当墩台因施工不良或基础不均匀沉降等发生裂缝时，应及时修补裂缝。

2）当墩台表层出现缺陷时，应及时采用同等或高性能材料进行修补。

5 锥坡、桥台搭板及翼墙的养护应符合下列要求：

1）锥坡应保持完好、稳定，当发现有开裂空洞或其他损坏时应及时修复。

2）当发现桥头搭板断裂、使桥头路面下沉时，应开挖路面对搭板进行修复，或采取注浆方法加固。

3）翼墙发生下沉、断裂或其他形式损坏时，应及时进行维修加固。

4.5.8 涵洞的养护应符合下列规定：

1 应做好涵洞的日常养护工作。

1）涵洞洞口应经常保持清洁，发现堆积杂物应立即清除。涵洞内应经常保持排水畅通，发现淤塞应及时疏通清除。

2）涵洞铺砌层，洞口上下游路基护坡、引水沟、汇水槽、窨井和沉砂井发生变形时，应及时修理。

3）涵洞铺砌出现冲刷损坏、下沉、缺口，应及时修复。路基填土出现渗水、缺口，应及时封塞填平。

4）涵底和涵墙出现渗漏水，应及时查明原因，并采取有效方法进行处治。

5）处于高填土的涵洞，其出水口的跌水设施必须与洞口紧密结合成整体，若有裂缝应及时填塞。

6）浆砌石拱涵洞的砌体表面风化、开裂、灰缝剥落及局部石块松动脱落，或砌体渗漏水，可根据情况分别采取有效方法进行处理。

7）混凝土管涵的接头处和有铰点接缝处发生填缝料脱落，引起路基渗水时，应及时封堵处理。

8）当压力式涵洞进水口周围路堤发现渗漏、空洞、缺口或冲刷现象时，应及时进行修补处理。

9）压力式涵洞或倒虹吸管的涵顶出现湿斑，应及时处理。

2 应做好涵洞的经常检查和定期检查工作。

1）经常检查每季度不少于2次，内容包括：进水口是否堵塞，沉砂井有无淤积，洞内有无淤塞及排水不通；洞口周围是否有杂物堆放；涵洞是否清洁、漏水；周围路基填土是否稳定和完整；涵洞是否有明显或偶然性的损坏。

2）定期检查每年1次，内容应包括表4.5.8所列内容。

表4.5.8 涵洞定期检查主要内容

序号	涵洞定期检查主要内容
1	检查和评定涵洞的排水能力，包括涵洞的位置是否恰当，孔径是否足够，涵底纵坡是否合适。若排水能力明显不足，多次造成内涝或涵洞、路基损毁的，应考虑改建
2	进水口的检查，主要是检查涵洞铺砌、翼墙、护坡、挡墙、沉砂井等结构是否完整，洞口连接是否平齐顺适
3	检查出水口铺砌、挡墙、翼墙、护坡等是否完整，排水是否顺畅
4	检查涵体侧墙是否渗漏水，墙体是否开裂、变形或倾斜，墙身砌体砂浆是否脱落，石块是否松动，基础是否冲刷掏空
5	检查涵身顶部盖板或拱顶是否开裂、漏水，是否变形下挠，拱顶砌体是否松动脱落
6	检查涵底是否淤塞阻水，涵底铺砌是否完整
7	检查洞口附近和墙背填土是否渗水、冲刷，填土是否稳定
8	检查涵洞顶路面是否开裂、下沉，行车是否安全
9	检查完成后应填写涵洞定期检查记录表，具体格式应符合行业标准《公路桥涵养护规范》JTG H11—2004附录D的规定

3 洪水、冰雪前后及汛期应对涵洞进行一次全面检查，掌握变化情况，及时采取明确的养护措施。

4 涵洞技术状况检测与评定方法应按现行行业标准《公路桥涵养护技术规范》JTG H11的相关规定执行。

5　当涵洞出水口处被水流冲刷严重时，应及时维修。

6　当涵洞基础沉陷而发生严重错位时，应挖开填土处理基础后再重建基础。

7　涵洞的侧墙和翼墙，如有离开路基向外倾斜等变形现象，应查明原因后处理。如属填土未夯实或填土中水分过多土压力增大而引起的沉降，应更换透水性好的填土，并认真夯实。如属基础引起的倾斜，则需维修或加固重建。

8　当加宽或加高路基后原有涵洞长度不足时，经验算满足承载力要求的涵洞一般应进行接长。当路基加宽加高不多时，也可采取加高涵洞上下游端墙的措施。

4.6　绿　化

4.6.1　绿化养护应符合以下规定：

1　应保持绿化植物生长良好，无缺失，无死株；应无遮挡标志标牌、侵入建筑界限等情况。

2　绿化的日常巡查包括查看植物生长情况，以及是否遮挡标志标牌等内容。

3　绿化的日常保养包括行道树的刷白，以及绿化植物的浇水、修剪、施肥和虫害防治等内容。

4　绿化的修复养护包括植物的补植、更换，以及公路景观提升工程等内容，质量要求应符合现行行业标准《公路养护技术规范》JTG H10 的相关规定。

5　绿化植物成活后到郁闭前，应加强抚育管理，及时检查、补植、浇水、除草、松土、施肥、整形等。绿化植物郁闭后，应及时修剪抚育。

6　当林带过密或生长不良时，应进行抚育采伐；当公路改善、发生严重病虫害、树木进入衰老期、品种严重退化或其他原因急需采伐时，应进行更新采伐。

7　公路更新采伐的树木，如有移植价值的，应尽可能移植利用。

8　抚育和更新采伐应先取得采伐许可证，严禁无证采伐。如遇战备、救灾、抢险等非常时期，为保证公路通畅，可先行砍伐，后补办有关手续。

4.6.2　浇水应符合下列规定：

1　应根据植物缺水情况进行浇水。

2　浇水时应注意保护植物根部土壤不被冲刷。

4.6.3　修剪应符合下列规定：

1　应对遮挡标志标牌、影响行车视线、影响路旁线缆以及侵入建筑限界的树木进行修剪。

2　路肩草皮宜定期修剪，控制草高，避免影响路面排水。

3　修剪后的草屑、病枝以及杂物或者枯枝烂叶等，应及时清理，集中处理，避免影响植被生长。

4.6.4　有害生物防治应符合下列规定：

1　应根据各类绿化植物病虫害发生、发展和传播蔓延的规律，及时采取相应防治措施，保障绿化植物正常生长。每年春季或秋季，宜在乔木树干上距地面1.0 m～1.5 m高度范围内刷涂白剂。

2　防治绿化植物病虫害应以预防为主，开展生物、化学防治与营林措施相结合的综合防治，应贯彻“治早、治小、治了”的防治方针。应严格贯彻苗木检疫制度，消灭越冬虫卵、蛹，烧毁落叶虫瘿、虫茧，及时消除衰弱、病害植株。

3　病虫害的药物防治应根据不同的树种、病虫害种类和环境条件，选择农药种类、剂型、浓度和使用方法，减少对环境的污染。

4.6.5　为掌握公路绿化的发展变化情况、积累资料，应建立公路绿化档案。

4.7 交通安全设施

4.7.1 交通标志的养护应符合下列规定：

1 交通标志养护对象包括固定标志板、可变信息标志、紧固件、支撑杆件和基础。

2 交通标志应保持位置合理，内容准确、完整，结构整体处于良好状态。

3 交通标志板的形状、尺寸、图案、文字、颜色以及结构部件等应符合设计要求，并符合现行国家标准《道路交通标志和标线 第2部分：道路交通标志》GB 5768.2 和现行行业标准《公路交通标志和标线设置规范》JTG D82 的有关规定。

4 可变信息标志除应符合标志板的基本要求外，其显示单元、线缆连接等还应符合现行上海市工程建设规范《市政道路机电系统维护技术规程》DG/TJ 08—2171 的有关规定。

5 里程碑、百米桩、路名牌应通过日常保养保持整洁，通过小修保持描字清晰。

6 交通标志的检查，除在日常检查其是否受到沿线树木等物的遮挡以及标志牌、支柱是否受到损坏外，还应进行定期检查。如遇到暴风雨等异常气候，还应进行临时检查。

7 交通标志的日常养护、校正、修复、更换及增补应符合现行国家标准《道路交通标志和标线 第2部分：道路交通标志》GB 5768.2、现行行业标准《公路交通标志和标线设置规范》JTG D82、《公路交通安全设施设计规范》JTG D81、《公路交通安全设施设计细则》JTG/T D81 以及现行上海市工程建设规范《公路指路标志设置标准》DG/TJ 08—2269A 的有关要求。

4.7.2 交通标线的养护应符合下列规定：

1 交通标线养护对象包括路面标线（各种线条、箭头、文字、图案及立面标记、实体标记等）及安装于道路上的突起路标和轮廓标等。

2 交通标线应保持清洁、鲜明、平顺、连续、完整、准确。

3 复划标线的颜色、形状、尺寸、厚度、位置及性能等应符合设计要求，同时路面标线日常清洁、补划、复划及更换均应符合现行国家标准《道路交通标志和标线 第3部分：道路交通标线》GB 5768.3及现行行业标准《公路交通标志和标线设置规范》JTG D82、《道路交通标线质量要求和检测方法》GB/T 16311、《公路交通安全设施设计规范》JTG D81、《公路交通安全设施设计细则》JTG/T D81的相关规定。

4 突起路标、轮廓标的日常养护包括以下内容：

1） 定期清洁，清洁频率不应少于每年2次。

2） 轮廓标角度偏移的，应予以校正。

3） 轮廓标基础松动或变形的，应予以校正或修复。

4） 轮廓标连接件、紧固件老化或锈蚀失效的，应予以更换。

5） 突起路标存在开裂、破碎、基础松动的，应予以更换。

6） 突起路标、轮廓标存在明显褪色、反光性能明显下降的，应予以更换。

7） 突起路标、轮廓标存在缺失的，应予以增补。

5 热熔震荡减速标线厚度不应小于8 mm。

4.7.3 交通防护设施的养护应符合下列规定：

1 交通防护设施包括护栏、道口标柱、反光镜等。交通防护设施除日常巡查外，还应进行定期检查，检查应包括以下内容：

1） 损坏、缺损或变形等状况。

2） 构件的紧固状况。

3） 污秽程度及油漆损坏状况。

2 护栏的养护应符合以下要求：

1） 每季度检查结构有无损坏变形，有无脱漆、锈蚀，有无拉索松弛、护柱缺失。

2） 经常清除周围杂草、积物，脱漆应修补。

3）由自然灾害及交通事故造成损坏或变形，应按原样修复，护柱损坏、丢失，应补充更换。

4）路基路面高程变化后，护栏高度应予以调整。

5）严重锈蚀的金属护栏应予以更换。

6）涂有油漆的护栏或护柱应定期重新刷油漆，每1～2年一次。

3 道口标柱应经常检查有无缺损、歪斜，并保持位置准确、油漆鲜明；若有缺失，应及时补缺。

4 反光镜应保持镜面清洁，角度、位置准确，支架（立柱）不倾斜、变形；如有损坏，应及时修复或更换。

5 其他交通防护设施按照保持清洁完整和功能正常的要求，选择恰当和可行的方法进行养护。

4.8 沿线其他设施

4.8.1 沿线其他设施养护应符合下列规定：

1 沿线设施的配置应符合相关规定。

2 应安排专人对沿线其他设施进行清扫和维护，及时清理疏通排水设施，保持场内环境整洁卫生、设施完好。

3 沿线设施的房屋养护应符合下列要求：

1）沿线设施的房屋包括公路驿站、道班建筑及排水泵站附属建筑。

2）沿线设施房屋的设置应满足公路服务、养护生产和管理需要。房屋内应配备通信设备等各种必要的生产、生活、消防设施。

3）沿线设施房屋及周围环境应布局合理、清洁美观，设施适用、方便。

4）沿线设施的房屋应定期检查、维护，及时修复损坏部分。

4.8.2 服务设施养护应符合下列规定：

1 应加强运营管理与维护，建立统一协调管理机制，遵循“谁设置、谁管理”的原则，保持沿线服务设施干净整洁、建筑完好整齐、设备运转正常。

2 应定期检查消防设备的数量及完好情况；灭火器药剂必须定期更换。

3 公路驿站内的道路、房屋、交通标志和标线、绿化等设施的养护与维修，应参照本标准有关章节的规定执行。

4 公路驿站入口处应悬挂统一标识，距公路驿站 500 m 和入口处设置提示标志，停车区应划停车位标线。

4.8.3 管理设施的养护应保持设施完好、环境整洁、布置有序，管理制度齐全。

4.9 防灾与突发事件处置

4.9.1 防灾与突发事件处置应符合下列规定：

1 为维护公路的正常交通，应坚持“预防为主、防治结合”的方针，对洪水和流冰侵袭公路造成公路设施的损坏、路面积雪影响行车安全或阻碍交通，以及各类突发事件损坏公路设施和影响公路使用功能的情况，采取行之有效的措施，予以预防和处治。

2 应根据本地的水文气候条件、季节特点、公路状况，加强公路防灾(防冰和防雪)能力定期检查和观察，分析掌握路段、桥隧的抗灾害能力，采取必要的预防措施。

3 重要工程宜事先储备必要的材料和机械设备，一旦发生毁阻，应按“先抢通后修复”的原则，及时组织抢修。

4 应建立公路防灾与重大突发事件处置的预案，对可能发生灾害的路段，应加强检查、检测，建立各类检查、检测档案，提倡灾害预警体系建设。

5 灾害与突发事件发生后，应按相关应急预案和管理规定采取措施处置。

4.9.2 水毁及其防治应符合下列规定：

1 雨季来临之前，应采取下列措施进行防治：

1）应清理疏通排水设施，修补其缺损部分。

2）对已产生冲刷、脱空等损坏，未及时处理的路段，应做好水流引导措施，防止二次冲刷。

2 对可能发生塌方、滑坡的路段，应采取下列措施进行防治：

1）在坍滑体上方，按其汇水面积及降雨情况，结合地形设置截水、排水沟，防止地表水、地下水流入坍滑体。

2）设置挡土墙或抗滑桩等，维持土体平衡。

3）种植草皮、表面喷混凝土（水泥砂浆）、砌筑护坡或进行刷坡减轻土体，稳定边坡。

3 对因受灾害影响导致路面坍塌、边坡损坏、植被倒伏等影响车辆通行的，应进行记录、处理。影响通行安全或丧失服务功能的，应立即上报，并设置清晰、醒目的警示物。

4.9.3 公路防冰与防雪应符合下列规定：

1 公路防冰与防雪应根据当地的气候条件、公路状况因地制宜实施，分析并掌握公路的抗灾能力，制订必要的预防措施和应急抢修技术方案。重要工程和冰害、雪害多发路段，应制订应急抢修预案，保障公路正常通行。

2 公路冰害防治应根据灾害特征和以往治理经验，制订经济适用的预防和抢修措施，提高治理效果，降低工程造价，并对预防和治理措施进行全面记录。

3 应采取有效措施防止路面积冰，路面一旦出现积冰，应采取除冰或防滑措施。

4 公路防雪工作应做到：制订防雪工作预案，备好防雪材料和设备，保持防雪设施的良好状态；及时了解现有防雪设施的防护功能，增添必要的防雪减灾设施。

5 宜采用以机械为主的方式清除路面积雪，应重点做好急弯陡坡、交叉路口、桥梁、临水临崖等路段的除冰、除雪工作。

6 当路面结冰或积雪时，应在本条第4款中明确的重点路段撒防滑料或融雪剂。

4.9.4 突发事件处置应符合下列规定：

1 对公路突发事件的处置应做到快速反应、准备充分、组织有力、处置得当，最大限度降低灾害损失。

2 对各类公路突发事件应建立应急预案。

3 应急预案的主要内容应包括：组织领导体系；组织应急抢险队伍；确保人、材、物及资金的保障；建立信息报告制度；制订临时交通组织方案；采取抢险工程措施等。

4 应对公路重要设施建立灾害预警体系，以切实掌握公路设施在运行过程中的使用状态，尽可能减少突发事件的发生，达到公路设施隐患“治早、治小、治了”的目标。

5 当公路及其沿线设施发生因自然或人为因素造成严重损坏影响交通或造成人身伤害的重特大突发事件时，应积极采取应急措施，避免灾害扩大，做好灾后工程修复工作。

6 农村公路发生地质灾害、交通事故等突发事件时，养护作业人员发现后应立即上报，并设置提示、警示设施，对来往车辆、行人进行劝阻。

5 技术管理

5.1 一般规定

5.1.1 农村公路建设与养护应加强技术管理，严格遵守和贯彻执行有关技术标准、规范和规程，以提高农村公路养护质量和服务水平。

5.1.2 农村公路工程技术管理的内容包括工程验收、竣工档案管理和信息化管理。

5.1.3 各级公路管理机构应建立健全农村公路养护管理制度，采用现代科技手段，逐步建立公路养护信息化管理平台，推广公路智能化设施与管养技术。

5.2 工程验收

5.2.1 新建及改扩建工程验收应符合下列规定：

1 新建及改扩建工程项目划分应符合下列要求：

1）单位工程、分部工程和分项工程应在施工准备阶段按照现行行业标准《公路工程质量检验评定标准　第一册　土建工程》JTG F80/1 和现行上海市工程建设规范《公路工程施工质量验收标准》DG/TJ 08—119 的相关规定进行划分，明确所采用的质量验收标准，一并报质量监督机构备案。

2）质量监督机构、项目法人、施工单位、监理单位或监理工程师应按相同的工程项目划分进行工程质量的监控和管理。

2 新建及改扩建工程质量检验评定应符合下列要求：

1）工程质量检验评定应按分项工程、分部工程、单位工程逐级进行。隐蔽工程在隐蔽前，施工单位应通知监理单位或建设单位进行检查验收。

2）分项工程完工后，施工单位应按现行上海市工程建设规范《公路工程施工质量验收标准》DG/TJ 08—119 进行检验评定。分部工程、单位工程完工后，施工单位应汇总所属分项工程、分部工程质量评定资料，进行外观质量检查，对工程质量进行评定。

3）监理单位应按现行上海市工程建设规范《公路工程施工质量验收标准》DG/TJ 08—119 和监理规范规定对施工单位自检合格的工程进行质量检验评定。

4）新建及改扩建工程质量检验评定应符合现行行业标准《公路工程质量检验评定标准　第一册　土建工程》JTG F80/1 和现行上海市工程建设规范《公路工程施工质量验收标准》DG/TJ 08—119 的相关规定。

5.2.2 养护工程验收应符合下列规定：

1 养护工程项目划分应符合下列要求：

1）应在养护工程施工准备阶段按照现行行业标准《公路养护工程质量检验评定标准　第一册　土建工程》JTG 5220 和现行上海市工程建设规范《公路养护工程质量检验评定标准（土建工程）》DG/TJ 08—2144 的相关规定，完成养护工程项目划分。

2）养护工程管理机构、质量监督机构、项目法人、施工单位、监理单位应按相同的工程项目划分进行工程质量的监控和管理。

2 养护工程质量检验评定应符合下列要求：

1）养护工程质量检验评定应按养护单元、养护工程逐级进行。

2）养护单元完工后，应按照现行行业标准《公路养护工程质量检验评定标准　第一册　土建工程》JTG 5220 和现行上海市工程建设规范《公路养护工程质量检验评定标准（土建工程）》DG/TJ 08—2144 的相关规定进行检验，对工程质量进行评定。隐蔽工程在隐蔽前应检查合格。

3）养护单元完工后，应汇总评定所属养护单元质量资料，检查外观质量，对工程质量进行评定。

4）养护工程质量检验评定应符合现行行业标准《公路养护工程质量检验评定标准　第一册　土建工程》JTG 5220 和现行上海市工程建设规范《公路养护工程质量检验评定标准（土建工程）》DG/TJ 08—2144 的相关规定。

5.3　竣工档案

5.3.1　农村公路竣工档案应真实、完整；凡资料残缺、缺乏基本数据、伪造涂改资料的工程，不得进行工程质量验收。

5.3.2　竣工档案应符合下列规定：

1　农村公路建设工程竣工档案的归档内容及收集整理的责任单位应按照工程的建设主体要求、实际规模以及相关法律法规，参照本标准附录 B 的规定执行。

2　农村公路养护工程竣工档案应按照行业标准《公路养护工程质量检验评定标准　第一册　土建工程》JTG 5220—2020 附录 K.3 和上海市工程建设规范《公路养护工程质量检验评定标准（土建工程）》DG/TJ 08—2144—2014 附录 J.3 编制。

3　项目法人应对各参建单位移交的全部竣工档案进行汇总整理、排序和组卷。

4　竣工档案的卷册编号、卷内封面内容、文件材料部分的排列、案卷规格、图纸折叠方式和装订方式均应符合现行技术档案管理规定。

5.4 信息化管理

5.4.1 农村公路养护技术管理应在现有公路数据库的基础上，根据现行有关公路数据库标准的要求，录入农村公路数据，逐步建立完善市、区各级农村公路数据库系统。

5.4.2 数据库的内容应包括农村公路几何数据、路面结构数据、公路养护历史数据、交通量和轴载数据、桥涵及路基防护构造物数据、安全保障工程设施数据、绿化植物数据、路域环境数据等基本数据资料，以及路面损坏、路面平整度等路面技术状况评定数据和交通事故数据。

5.4.3 基本数据采集以公路竣工文件为主要依据，并结合现状调查进行。当农村公路大修或改建后，数据应及时进行更新。路面状况数据应现场采集，并应尽量采用高效检测仪器进行数据采集。

5.4.4 农村公路日常养护资料应纳入信息化管理。

5.4.5 农村公路数据信息包括文字信息、数字信息和图片信息，数据的采集和整理以路段（一般为 1 km）为单位。路域环境信息除文字和数字信息外，宜每百米拍摄一张全景式数码照片作为图片信息存入数据库。路域环境图片信息也可用前方图像系统采集的连续录像信息代替。

5.4.6 根据需要，可在农村公路数据库的基础平台上，建立地理信息系统（GIS）以及路面管理系统、桥梁管理系统、公共信息服务系统等应用系统。

6 安全作业

6.1 一般规定

6.1.1 农村公路安全作业应按现行行业标准《公路工程施工安全技术规范》JTG F90 和《公路养护安全作业规程》JTG H30 的规定执行。

6.1.2 农村公路养护作业单位应建立安全管理制度，实施对养护作业人员的安全培训和教育。养护作业人员必须接受安全技术教育，遵守各项安全技术操作规程。

6.1.3 农村公路养护作业单位或经营单位应加强养护作业安全的管理。各级公路管理机构应加强对养护作业安全的监督和检查。

6.1.4 养护人员进行养护作业时应穿戴有反光标志的工作服装。

6.2 特殊路段安全作业

6.2.1 在高路堤、邻水路段以及桥梁上进行养护作业时，应设置必要的防护设施，防止坠落。

6.2.2 在视距不良的陡坡弯道养护作业时，应放置锥形筒。

6.2.3 桥梁养护作业现场应放置相关交通标志。

6.2.4 交叉路口路段养护作业应放置导向标志，并派专人巡视路口车辆，做好车辆引导工作。

6.3　特殊条件安全作业

6.3.1　除应急抢险外，台风、大雾及雷电天气条件下严禁上路作业。

6.3.2　在冰冻季节养护作业时，应采取保温防寒等措施。作业时，应加强交通管制，并对作业人员、作业机械加强防滑措施。

6.3.3　在高温季节养护作业时，应采取防暑降温措施；可适当调整养护作业时间，避开高温时段。

6.3.4　在多雨季节养护作业时，应加强防水、防触电、防滑等措施。

6.3.5　在夜间作业时，应采取安全防护措施，增加照明设施，并在养护作业工作区外设置反光标志。

附录 A 日常巡查/养护记录表

表 A 日常巡查/养护记录表

路线(桩号区间)： 日期： 天气： 记录人：				
类型			损坏及处理结果	
路基	路肩	土路肩 □ 硬路肩 □ 草皮路肩□ 其他____	杂物堆积	□___处 已处理___处 未处理□ 上报□
			缺损	□___处 已处理___处 未处理□ 上报□
			裂缝	□___处 已处理___处 未处理□ 上报□
			坑洞	□___处 已处理___处 未处理□ 上报□
			其他____	□___处 已处理___处 未处理□ 上报□
	边坡		坡面冲刷	□___处 已处理___处 未处理□ 上报□
			坡体松动	□___处 已处理___处 未处理□ 上报□
			坡体剥落	□___处 已处理___处 未处理□ 上报□
			坡体滑移	□___处 已处理___处 未处理□ 上报□
			坡体坍塌	□___处 已处理___处 未处理□ 上报□
			其他____	□___处 已处理___处 未处理□ 上报□
	排水设施	排水沟 □ 边沟 □ 急流槽 □ 拦水带 □ 其他____	沟壁损坏	□___处 已处理___处 未处理□ 上报□
			沟底冲刷	□___处 已处理___处 未处理□ 上报□
			盖板断裂	□___处 已处理___处 未处理□ 上报□
			淤塞	□___处 已处理___处 未处理□ 上报□
			其他____	□___处 已处理___处 未处理□ 上报□
	防护及支挡结构		勾缝脱落	□___处 已处理___处 未处理□ 上报□
			结构体破损	□___处 已处理___处 未处理□ 上报□
			结构体开裂	□___处 已处理___处 未处理□ 上报□

续表A

路线(桩号区间)：　日期：　天气：　记录人：			
类型		损坏及处理结果	
路基	防护及支挡结构	泄水孔淤塞	□___处 已处理___处 未处理□ 上报□
		结构体倾斜滑移	□___处 已处理___处 未处理□ 上报□
		结构体下沉变形	□___处 已处理___处 未处理□ 上报□
		其他___	□___处 已处理___处 未处理□ 上报□
	涵洞	淤塞	□___处 已处理___处 未处理□ 上报□
		结构体开裂	□___处 已处理___处 未处理□ 上报□
		铺砌冲刷脱落	□___处 已处理___处 未处理□ 上报□
		其他___	□___处 已处理___处 未处理□ 上报□
路面	沥青路面 □ 水泥混凝土路面 □	路面不洁	□___处 已处理___处 未处理□ 上报□
		坑槽	□___处 已处理___处 未处理□ 上报□
		沉陷	□___处 已处理___处 未处理□ 上报□
		波浪、拥包	□___处 已处理___处 未处理□ 上报□
		泛油	□___处 已处理___处 未处理□ 上报□
		松散	□___处 已处理___处 未处理□ 上报□
		翻浆	□___处 已处理___处 未处理□ 上报□
		车辙	□___处 已处理___处 未处理□ 上报□
		坑洞	□___处 已处理___处 未处理□ 上报□
		板角破损	□___处 已处理___处 未处理□ 上报□
		拱起	□___处 已处理___处 未处理□ 上报□
		错台	□___处 已处理___处 未处理□ 上报□
		接缝料损坏	□___处 已处理___处 未处理□ 上报□
		其他___	□___处 已处理___处 未处理□ 上报□
	缘石	倾斜	□___处 已处理___处 未处理□ 上报□
		缺损	□___处 已处理___处 未处理□ 上报□
		其他___	□___处 已处理___处 未处理□ 上报□

续表A

<table>
<tr><td colspan="4">路线(桩号区间)：　　日期：　　天气：　　记录人：</td></tr>
<tr><td colspan="2">类型</td><td colspan="2">损坏及处理结果</td></tr>
<tr><td rowspan="6">桥梁</td><td rowspan="6">名称___
位置___</td><td>伸缩缝堵塞、损坏</td><td>□___处　已处理___处　未处理□　上报□</td></tr>
<tr><td>泄水孔堵塞、损坏</td><td>□___处　已处理___处　未处理□　上报□</td></tr>
<tr><td>栏杆损坏、缺失</td><td>□___处　已处理___处　未处理□　上报□</td></tr>
<tr><td>桥面破损</td><td>□___处　已处理___处　未处理□　上报□</td></tr>
<tr><td>河道淤塞</td><td>□___处　已处理___处　未处理□　上报□</td></tr>
<tr><td>其他___</td><td>□___处　已处理___处　未处理□　上报□</td></tr>
<tr><td rowspan="18">交通安全设施</td><td rowspan="4">标志</td><td>缺失</td><td>□___处　已处理___处　未处理□　上报□</td></tr>
<tr><td>污损</td><td>□___处　已处理___处　未处理□　上报□</td></tr>
<tr><td>遮挡</td><td>□___处　已处理___处　未处理□　上报□</td></tr>
<tr><td>其他___</td><td>□___处　已处理___处　未处理□　上报□</td></tr>
<tr><td rowspan="3">标线</td><td>缺失</td><td>□___处　已处理___处　未处理□　上报□</td></tr>
<tr><td>污损</td><td>□___处　已处理___处　未处理□　上报□</td></tr>
<tr><td>其他___</td><td>□___处　已处理___处　未处理□　上报□</td></tr>
<tr><td rowspan="3">护栏</td><td>缺失</td><td>□___处　已处理___处　未处理□　上报□</td></tr>
<tr><td>变形</td><td>□___处　已处理___处　未处理□　上报□</td></tr>
<tr><td>其他___</td><td>□___处　已处理___处　未处理□　上报□</td></tr>
<tr><td rowspan="4">警示墩(桩)</td><td>缺失</td><td>□___处　已处理___处　未处理□　上报□</td></tr>
<tr><td>污损</td><td>□___处　已处理___处　未处理□　上报□</td></tr>
<tr><td>遮挡</td><td>□___处　已处理___处　未处理□　上报□</td></tr>
<tr><td>其他___</td><td>□___处　已处理___处　未处理□　上报□</td></tr>
<tr><td rowspan="4">里程碑</td><td>缺失</td><td>□___处　已处理___处　未处理□　上报□</td></tr>
<tr><td>污损</td><td>□___处　已处理___处　未处理□　上报□</td></tr>
<tr><td>遮挡</td><td>□___处　已处理___处　未处理□　上报□</td></tr>
<tr><td>其他___</td><td>□___处　已处理___处　未处理□　上报□</td></tr>
</table>

续表A

<table>
<tr><td colspan="3">路线(桩号区间)：　　日期：　　天气：　　记录人：</td></tr>
<tr><td colspan="2">类型</td><td>损坏及处理结果</td></tr>
<tr><td rowspan="8">交通安全设施</td><td rowspan="4">百米桩</td><td>缺失　□___处　已处理___处　未处理□　上报□</td></tr>
<tr><td>污损　□___处　已处理___处　未处理□　上报□</td></tr>
<tr><td>遮挡　□___处　已处理___处　未处理□　上报□</td></tr>
<tr><td>其他___　□___处　已处理___处　未处理□　上报□</td></tr>
<tr><td rowspan="3">限高限宽架</td><td>损坏　□___处　已处理___处　未处理□　上报□</td></tr>
<tr><td>变形　□___处　已处理___处　未处理□　上报□</td></tr>
<tr><td>其他___　□___处　已处理___处　未处理□　上报□</td></tr>
<tr><td>其他___</td><td>______　□___处　已处理___处　未处理□　上报□</td></tr>
<tr><td colspan="2" rowspan="2">绿化</td><td>缺株、死株　□___处　已处理___处　未处理□　上报□</td></tr>
<tr><td>其他___　□___处　已处理___处　未处理□　上报□</td></tr>
<tr><td colspan="2">突发性事件情况处置</td><td>事件描述__________处置方式__________</td></tr>
</table>

说明：可根据管养范围内桥梁的数量，适当增减相应内容。

附录B　农村公路建设工程竣工资料归档内容及收集整理的责任单位一览表

表B　农村公路建设工程竣工资料归档内容及收集整理的责任单位一览表

项目	归档内容		责任单位
综合文件	竣(交)工验收文件	竣工验收文件	项目法人
		交工验收文件	
		工程单项验收文件(环保、档案等)	
		各参建单位总结报告	
		接管养护单位项目使用情况报告	
	建设依据及上级有关指示	项目建议书及批准文件	
		工程可行性研究报告及批准文件	
		水土保持批准文件	
		环境影响评价及批准文件	
		文物调查、保护等文件	
		初步设计文件及批准文件	
		施工图设计文件及批准文件	
		设计变更文件及批准文件	
		设计中重大技术问题往来文件、会议纪要	
		施工许可批准文件	
		上级单位有关指示	
	征地拆迁资料	征地拆迁合同协议	
		征地批文	
		征用土地数量一览表	
		占地图及土地使用证	
		拆迁数量一览表	

续表B

<table>
<tr><th>项目</th><th colspan="2">归档内容</th><th>责任单位</th></tr>
<tr><td rowspan="7">综合文件</td><td rowspan="7">工程管理文件</td><td>招标文件</td><td rowspan="7">项目法人</td></tr>
<tr><td>投标文件、评标报告</td></tr>
<tr><td>合同书、协议书</td></tr>
<tr><td>技术文件及补充文件</td></tr>
<tr><td>建设单位往来文件</td></tr>
<tr><td>工程质量责任登记表</td></tr>
<tr><td>其他文件及资料</td></tr>
<tr><td rowspan="4">决算和审计文件</td><td colspan="2">支付报表</td><td rowspan="4">决算和审计单位</td></tr>
<tr><td colspan="2">财务决算文件</td></tr>
<tr><td colspan="2">工程决算文件</td></tr>
<tr><td colspan="2">项目审计文件</td></tr>
<tr><td rowspan="8">监理资料</td><td colspan="2">监理管理文件</td><td rowspan="8">监理单位</td></tr>
<tr><td rowspan="3">工程质量控制文件</td><td>质量控制措施、规定及往来文件</td></tr>
<tr><td>监理独立抽检资料(编排顺序参照施工资料)</td></tr>
<tr><td>交工验收工程质量评定资料</td></tr>
<tr><td colspan="2">工程进度计划管理文件</td></tr>
<tr><td colspan="2">工程合同管理文件</td></tr>
<tr><td colspan="2">其他文件</td></tr>
<tr><td colspan="2">其他资料(监理日志,会议记录、纪要,工程照片,音像资料;监理机构及人员情况,各级监理人员的工作范围、责任划分、工作制度)</td></tr>
<tr><td rowspan="4">施工资料</td><td rowspan="3">竣工图表</td><td>变更设计一览表</td><td rowspan="4">施工单位</td></tr>
<tr><td>变更图纸</td></tr>
<tr><td>工程竣工图</td></tr>
<tr><td colspan="2">工程管理文件(施工组织机构及人员,岗位责任划分,施工组织设计,技术交底文件,会议纪要等)</td></tr>
</table>

续表B

项目	归档内容				责任单位
施工资料	施工质量控制文件	工程质量管理文件	工程质量往来文件(质量保证体系,专项技术方案等)		施工单位
			工程质量自检报告及工程质量检验评定资料		
			工程质量事故及处理情况报告、补救后达到要求的认可证明文件		
			桥梁荷载试验报告		
			桥梁基础检验汇总资料		
			施工中遇到的非正常情况记录、处理方案、施工工艺、质量检测记录及观察记录、对工程质量影响分析		
			交工验收施工单位的自检评定资料		
		材料及标准试验	原材料、外购成品、半成品抽检试验报告及资料		
			外购材料(产品)出厂合格证书、检验报告及质量鉴定报告		
			各种标准试验、配合比设计报告		
		施工工序资料	路基工程	路基土石方工程(地表处理资料;不良地质处理方案、施工资料、检测资料;分层压实资料;路基检测、验收资料;分段资料汇总)	
				防护工程[基坑放样、开挖处理、试验检测资料;各工序施工记录、检测、试验资料;成品检测资料;砂浆(混凝土)强度试验资料]	
				小桥工程(基坑放样、开挖处理、试验检测资料;基础施工检查、试验资料,桩基检测资料;各分项施工工序检查、成品检测资料;砂浆强度、混凝土强度、台背回填压实度等试验报告及汇总表)	
				排水工程(基坑放样、开挖处理、试验检测资料;各施工工序检查、成品检测资料;砂浆、混凝土强度试验资料)	

续表B

<table>
<tr><th>项目</th><th colspan="4">归档内容</th><th>责任单位</th></tr>
<tr><td rowspan="19">施工资料</td><td rowspan="19">施工质量控制文件</td><td rowspan="19">施工工序资料</td><td>路基工程</td><td>涵洞工程（基坑放样、开挖处理、试验检测资料；各施工工序检查、成品检测资料；砂浆强度、混凝土强度、台背回填压实度等试验报告及汇总表）</td><td rowspan="19">施工单位</td></tr>
<tr><td rowspan="3">路面工程</td><td>施工工序检查资料</td></tr>
<tr><td>材料配合比抽检（油石比、马歇尔试验等）资料</td></tr>
<tr><td>压实度、弯沉、强度等试验检测报告及汇总资料</td></tr>
<tr><td rowspan="6">桥梁工程</td><td>基坑放样、开挖处理、试验检测资料</td></tr>
<tr><td>基础施工检查、试验资料，桩基检测资料</td></tr>
<tr><td>墩台、现浇构件、预制构件、预应力等施工工序检查、成品检测资料</td></tr>
<tr><td>各工序施工、检测记录</td></tr>
<tr><td>砂浆强度、混凝土强度、台背回填压实度等试验报告及汇总表</td></tr>
<tr><td>引道工程施工检测、试验资料</td></tr>
<tr><td rowspan="6">交通安全设施</td><td>各种标志牌制作安装检查记录</td></tr>
<tr><td>标线检查资料、施工记录</td></tr>
<tr><td>防撞护栏、隔离栅及附属设施施工、检查资料</td></tr>
<tr><td>照明系统施工、检测资料</td></tr>
<tr><td>各中间环节检测资料</td></tr>
<tr><td>成品检测资料</td></tr>
<tr><td colspan="2">房屋建筑工程（按建筑部门有关法规、资料编制办法管理、汇总）</td></tr>
<tr><td colspan="2">机电工程</td></tr>
<tr><td colspan="2">绿化工程</td></tr>
</table>

续表B

<table>
<tr><th>项目</th><th colspan="2">归档内容</th><th>责任单位</th></tr>
<tr><td rowspan="17">施工资料</td><td colspan="2">缺陷责任期资料</td><td></td></tr>
<tr><td rowspan="3">施工安全及文明施工文件</td><td>安全生产的有关文件</td><td rowspan="16">施工单位</td></tr>
<tr><td>安全组织机构及人员、岗位责任、安全保证体系、施工专项技术方案、技术交底文件等</td></tr>
<tr><td>安全事故的调查处理文件</td></tr>
<tr><td rowspan="3">进度控制文件</td><td>进度计划(文件、图表)、批准文件</td></tr>
<tr><td>进度执行情况(文件、图表)</td></tr>
<tr><td>有关进度的往来文件</td></tr>
<tr><td colspan="2">计量支付文件</td></tr>
<tr><td colspan="2">合同管理文件</td></tr>
<tr><td rowspan="7">施工原始记录</td><td>施工日志</td></tr>
<tr><td>天气、温度及自然灾害记录</td></tr>
<tr><td>测量原始记录</td></tr>
<tr><td>各工序施工原始记录(未汇入施工质量控制文件的部分)</td></tr>
<tr><td>会议记录、纪要</td></tr>
<tr><td>施工照片、音像资料</td></tr>
<tr><td>其他原始记录</td></tr>
<tr><td rowspan="2">科研、新技术资料</td><td colspan="2">科研资料</td><td rowspan="2">项目法人</td></tr>
<tr><td colspan="2">新技术应用资料(批准的所有科研、新技术资料均要整理归档)</td></tr>
</table>

本标准用词说明

1 为便于在执行本标准条文时区别对待，对要求严格程度不同的用词说明如下：

1） 表示很严格，非这样做不可的用词：
正面词采用“必须”；
反面词采用“严禁”。

2） 表示严格，在正常情况下均应这样做的用词：
正面词采用“应”；
反面词采用“不应”或“不得”。

3） 表示允许稍有选择，在条件许可时首先应这样做的用词：
正面词采用“宜”；
反面词采用“不宜”。

4） 表示有选择，在一定条件下可以这样做的用词，采用“可”。

2 条文中指明应按其他有关标准执行的写法为：“应符合……的规定”或“应按……执行”。

引用标准名录

1 《声环境质量标准》GB 3096
2 《道路交通标志和标线》GB 5768
3 《道路交通标志和标线　第2部分:道路交通标志》GB 5768.2
4 《道路交通标志和标线　第3部分:道路交通标线》GB 5768.3
5 《恶臭污染物排放标准》GB 14554
6 《道路交通信号灯设置与安装规范》GB 14886
7 《道路交通信号灯》GB 14887
8 《室外排水设计规范》GB 50014
9 《无障碍设计规范》GB 50763
10 《用电安全导则》GB/T 13869
11 《道路交通标线质量要求和检测方法》GB/T 16311
12 《道路交通反光膜》GB/T 18833
13 《检查井盖》GB/T 23858
14 《轮廓标》GB/T 24970
15 《城市桥梁设计规范》CJJ 11
16 《城镇排水管渠与泵站运行、维护及安全技术规程》CJJ 68
17 《城镇排水管道维护安全技术规程》CJJ 69
18 《城镇排水管道非开挖修复更新工程技术规程》CJJ/T 210
19 《公路技术状况评定标准》JTG 5210
20 《公路养护工程质量检验评定标准　第一册　土建工程》JTG 5220
21 《公路工程技术标准》JTG B01
22 《公路护栏安全性能评价标准》JTG B05—1
23 《公路路基设计规范》JTG D30

24 《公路水泥混凝土路面设计规范》JTG D40
25 《公路沥青路面设计规范》JTG D50
26 《公路交通安全设施设计规范》JTG D81
27 《公路交通标志和标线设置规范》JTG D82
28 《公路路基施工技术规范》JTG F10
29 《公路沥青路面施工技术规范》JTG F40
30 《公路沥青路面再生技术规范》JTG F41
31 《公路工程质量检验评定标准 第一册 土建工程》JTG F80/1
32 《公路工程施工安全技术规范》JTG F90
33 《公路养护技术规范》JTG H10
34 《公路桥涵养护规范》JTG H11
35 《公路养护安全作业规程》JTG H30
36 《公路排水设计规范》JTG/T D33
37 《公路交通安全设施设计细则》JTG/T D81
38 《公路路面基层施工技术细则》JTG/T F20
39 《公路桥梁承载能力检测评定规程》JTG/T J21
40 《公路桥梁技术状况评定标准》JTG/T H21
41 《公路桥梁板式橡胶支座》JT/T 4
42 《公路水泥混凝土路面养护技术规范》JTJ 073.1
43 《公路水泥混凝土路面接缝材料》JT/T 203
44 《公路桥梁盆式橡胶支座》JT/T 391
45 《公路路面养护技术规范》DB31/T 489
46 《公路路名牌》DB31/T 575
47 《城市排水泵站设计规程》DGJ 08—22
48 《道路、排水管道成品与半成品施工及验收规程》DG/TJ 08—87
49 《公路工程施工质量验收标准》DG/TJ 08—119
50 《公路技术状况评定规程》DG/TJ 08—2095

51 《城镇排水工程施工质量验收规范》DG/TJ 08—2110
52 《公路养护工程质量检验评定标准(土建工程)》DG/TJ 08—2144
53 《市政道路机电系统维护技术规程》DG/TJ 08—2171
54 《沥青路面预防性养护工程技术规程》DG/TJ 08—2176
55 《公路大中修工程设计规范》DG/TJ 08—2191
56 《道路照明工程建设技术规程》DG/TJ 08—2214
57 《公路指路标志设置标准》DG/TJ 08—2269A

上海市工程建设规范

农村公路建设与养护技术标准

DG/TJ 08—2067—2022

J 11539—2022

条 文 说 明

2022 上海

目　次

Contents

2 术 语

2.0.1 农村公路 rural highway

依据《农村公路养护管理办法》(交通运输部令 2015 年第 22 号)和《农村公路建设管理办法》(交通运输部令 2018 年第 4 号)及行业标准《农村公路养护技术规范》JTG/T 5190—2019 中第 2.0.1 条制定。

2.0.2~2.0.4 分别依据行业标准《农村公路养护技术规范》JTG/T 5190—2019 中第 2.0.2 条~2.0.4 条制定。具体条文针对上海市实际进行了修改:将“县级”改为“区级”,将“乡”改为“镇(乡)”。

3 建 设

3.1 一般规定

3.1.2 国家发展计划委员会及交通部于 2003 年 3 月 14 日联合发布的《县际及农村公路改造工程管理办法》中明确定义:“农村公路一般是指通乡(镇)、通行政村的公路。通乡(镇)公路是指县城通达乡(镇)以及连接乡(镇)与乡(镇)之间的公路。”因此,农村公路涵盖了县道、乡道和村道三个层次。但基于上海市公路特点,目前部分县道属于二级公路,如团青公路,因此本标准适用的县道均为三级及以下等级公路,二级公路等级的县道不参照本标准执行。

三级公路为供汽车、非汽车交通混合行驶的双车道公路。三级公路的年平均日设计交通量宜为 2 000 辆~6 000 辆小客车。

四级公路为供汽车、非汽车交通混合行驶的双车道或单车道公路。若按现行行业标准《公路工程技术标准》JTG B01 设计,双车道四级公路年平均日设计交通量宜在 2 000 辆小客车以下;单车道四级公路年平均日设计交通量宜在 400 辆小客车以下。若按现行行业标准《小交通量农村公路工程技术标准》JTG 2111 设计,双车道的四级公路(Ⅰ类)年平均日设计交通量宜为 1 000 辆小客车及以下,单车道的四级公路(Ⅱ类)年平均日设计交通量宜为 400 辆小客车及以下。

3.1.4 根据现行行业标准《公路工程技术标准》JTG B01,设计车型中不包括各类非机动车。根据现行行业标准《公路路线设计规范》JTG D20,畜力车、人力车、自行车等非机动车属于非汽车交通,应计入路侧干扰因素并考虑对公路通行能力的影响。

考虑上海市农村地区的城镇化水平较高，对于农村公路交通流中有较多非机动车混合行驶，从而导致路侧干扰等级达到严重干扰及以上的部分路段，可因地制设置专用的非机动车道，减少对公路通行能力的影响。

3.1.6 根据现行行业标准《公路工程技术标准》JTG B01，三级公路的设计速度包括 40 km/h 及 30 km/h 两种标准，因此新建的三级公路设计速度应严格按上述标准执行。基于上海属于平原地区，地势平缓，道路线形受地形约束较少的特点，个别三级公路，如华徐公路等的现状运营速度都达到了 60 km/h。针对这些公路进行改扩建时，在线形指标满足规范标准的前提下，设计速度仍可采用 60 km/h，具体设计指标按二级公路的 60 km/h 标准执行。

根据现行行业标准《公路工程技术标准》JTG B01，四级公路的设计速度为 30 km/h 及 20 km/h。根据现行行业标准《小交通量农村公路工程技术标准》JTG 2111，交通组成中无大型、重型车辆的小交通量农村公路可采用 15 km/h。为呼应上位标准，本标准增加并明确了 15 km/h 的设计速度的适用范围。

3.1.8 农村公路建筑限界应符合下列规定：

3 利用现有各类通道通行的现状农村公路净空不满足的路段，在改造完成前应通过标志等措施，明确提示车辆通行净高，并做好周边交通引导。

3.1.9 根据现行国家标准《中国地震动参数区划图》GB 18306，上海市地震动峰值加速度系数为 0.1。根据现行行业标准《公路工程技术标准》JTG B01，地震动峰值加速度系数大于 0.05、小于 0.4 地区的公路工程，应进行抗震设计。

3.2 总体设计

3.2.2 农村公路行人、非机动车流量较大的路段，路面可适当加宽，路肩宜硬化，作为人非通行或非机动车避让机动车的空间。农村公路村庄段靠近村庄一侧宜通过设置人行道、硬化路肩、边沟加铺盖板等形式，作为行人通行或非机动车避让机动车的空间；宜在人行道外侧设置绿篱、砌筑花池或硬质护栏等作为路宅分离设施。处于郊区规划的城镇建设用地、产业用地（工业区、物流园区、综合开发区等）、其他城市建设用地范围内的农村公路城镇段，原则上应采用双车道及以上断面形式，并设置人行道和非机动车道，人行道应高于车道路面高度。

绿道网络可结合农村公路设置，在一定程度上减少行人、非机动车与机动车混行带来的相互干扰，同时也可以充分利用通道资源、实现用地集约化。

3.2.4 农村公路建设工程内容包括照明设施和绿化设施时，一般情况下也应做到与主体工程同时设计、同时施工、同时投入使用。

3.2.5 可充分利用公路沿线边角地等进行改造建设和功能拓展设置公路驿站。也可结合农村公路沿线既有公路服务与管理站场（含养护站、加油站、超限运输检测站、客车停靠站等）、旅游服务中心、小型农产品交易市场、农家乐等设置公路驿站。

3.3 路 线

3.3.2 横断面应符合下列规定：

4 行人、非机动车较多时，可根据需要采用加宽硬路肩。必要时可增加交通安全设施，加强交通组织管理。

当需设置护栏、杆柱、交通标志时，应满足其设置要求。

7 考虑到多数农村公路改扩建工程是以既有老路为基础，且其中部分农村公路受限于建设条件，横坡难以满足新建的标准。因此，本标准在选取横坡上、下限数值时，综合考虑了公路新建工程与公路大中修工程。根据上海市工程建设规范《公路大中修工程设计规范》DG/TJ 08—2191—2015，路拱横坡宜恢复原设计标准；条件受限时，三级、四级公路不设超高路段的横坡不小于1.5%、不大于2.5%。

3.3.3 平面应符合下列规定：

6 对于无中间带的公路，当超高横坡度等于路拱坡度时，将外侧车道绕路中线旋转，直至超高横坡度；当超高横坡度大于路拱坡度时，应采用绕内侧车道边缘旋转、绕路中线旋转或绕外侧车道边缘旋转的方式。设计中，应视情况确定，新建工程宜采用绕内侧车道边缘旋转的方式；改建工程可采用绕路中线旋转的方式；路基外缘高程受限制或路容美观有特殊要求时，可采用绕外侧车道边缘旋转的方式。

对于有中间带的公路，应采用绕中间带的中心线旋转、绕中央分隔带边缘旋转或分别绕行车道中线旋转的方式。设计中，应视情况确定：有中间带的公路均可采用绕中央分隔带边缘旋转的方式；中间带宽度较小的公路还可采用绕中间带中心线旋转的方式；车道数大于4条的公路可采用分别绕行车道中线旋转的方式。

10 四级公路的超高、加宽过渡段应设在紧接圆曲线起点或终点的直线上。受地形条件或其他特殊情况限制时，可将超高、加宽过渡段的一部分插入曲线，但插入曲线内的长度不得超过超高、加宽过渡段长度的一半。不同半径的同向圆曲线径相连接构成的复曲线，其超高、加宽过渡段应对称地设在衔接处的两侧。

四级公路设人工构造物处，当因设置超高、加宽过渡段而在圆曲线起、终点内侧边缘产生明显转折时，可采用路面加宽边缘线与圆曲线上路面加宽后的边缘圆弧相切的方法予以消除。

3.3.4 纵断面应符合下列规定：

6 横向排水不畅的路段，采用平坡（0%）或小于0.3%的纵坡时，其边沟应进行纵向排水设计。当合成坡度小于0.5%时，应采取综合排水措施，以保证路面排水畅通。

7 考虑到多数农村公路改扩建工程是以既有老路为基础，且其中部分农村公路受限于建设条件，横坡难以满足新建的标准。因此，本标准在选取横坡上下限取值时，综合考虑了公路新建工程与公路大中修工程。根据上海市工程建设规范《公路大中修工程设计规范》DG/TJ 08—2191—2015，路拱横坡宜恢复原设计标准；条件受限时，三级、四级公路不设超高路段的横坡不小于1.5%、不大于2.5%。

3.3.5 路线交叉应符合下列规定：

1 公路功能和技术分级差异大的公路交叉时，应限制设置平面交叉；承担干线功能的一级公路和二级公路，为提高其交通安全性和通行效率，应严格限制被交道路接入，控制设置平面交叉的数量和间距。同时，根据调研情况，对于承担集散功能的一级公路和二级公路，从提升行车安全性角度，有条件时也应限制被交道路频繁接入尤其是乡村道路随意接入的现象。条文中“限制”“严格限制”的程度用语，表达编制组在平面交叉设置上的导向性意见，即允许设置，但应结合公路功能、技术等级及建设条件，限制平面交叉设置的数量、加大平面交叉设置的间距、做好交叉交通组织与渠化设计等。其中“严格限制”相对“限制”更为严格、强烈。

公路平面交叉设置数量与间距直接影响着一条公路相关路段的通行效率。一条公路的平面交叉数量越多、间距越小，显然对公路区域内路网衔接、对两侧村镇的交通出行是更为便利的，但对路段通行效率的影响却是越大的。同时，平面交叉越多、越密，对交通安全与交通组织管理也是不利的。因此，在具体项目设计中，应正确把握项目功能定位及技术等级差异，恰当协调通行效率与沿线交通便利之间的平衡。

5 鉴于各级公路平面交叉交通安全问题较为严重，而公路建设项目对平面交叉渠化设计重视不够等现状，本款对各级公路平面交叉渠化设计进行了细化规定：二级及以上公路的平面交叉必须进行渠化设计；三级公路的平面交叉应进行渠化设计；四级公路的平面交叉宜进行渠化设计。

渠化设计可采用加铺转角、加宽路口、设置转弯车道和交通岛等方式。

1）加铺转角，如图 1 所示。

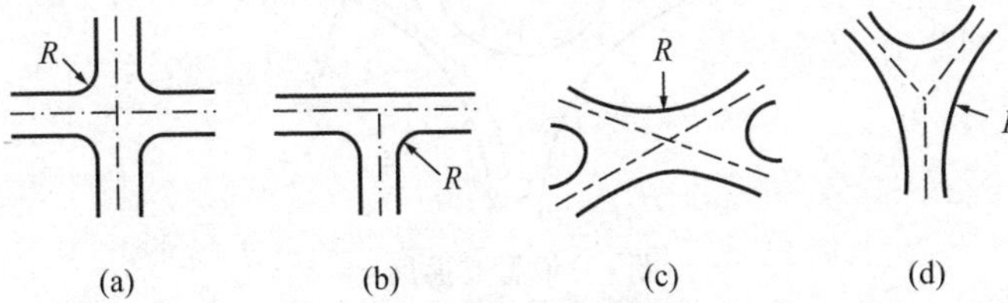

图 1　加铺转角

2）加宽路口与设置转弯车道，如图 2 所示。

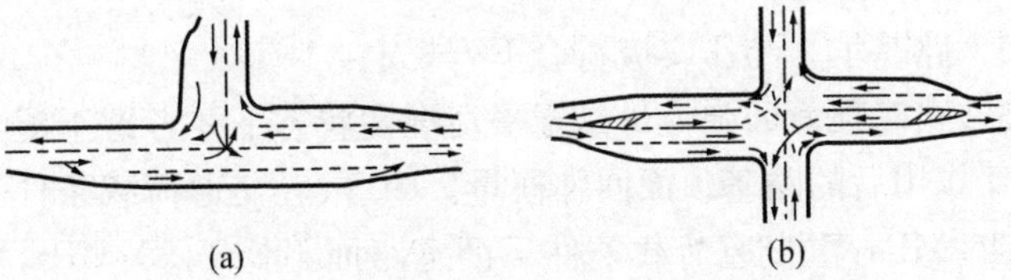

图 2　加宽路口与设置转弯车道

3）设置转弯车道，如图 3 所示。

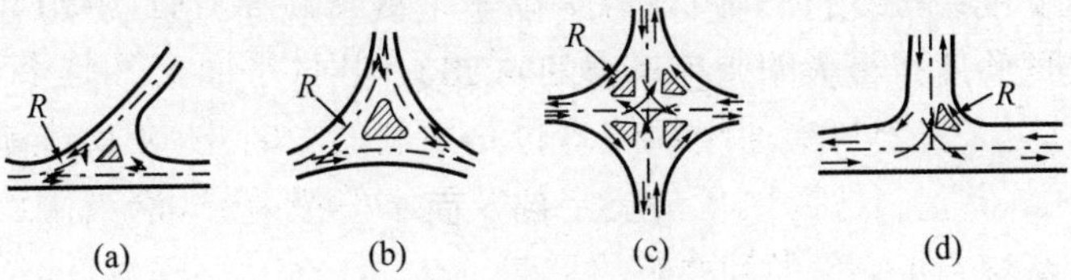

图 3　设置转弯车道

4）设置交通岛，如图 4 所示。

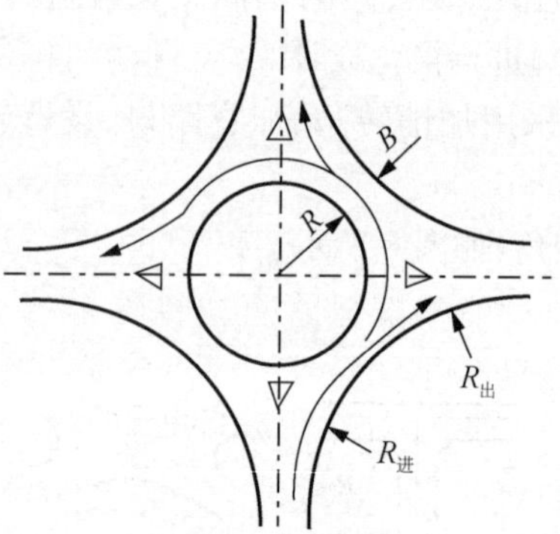

图 4　设置交通岛

3.4　路　基

3.4.3　路基填料与压实应符合下列规定：

3　路基顶面回弹模量是指平衡湿度状态下并考虑干湿与冻融循环作用后的路基顶面回弹模量。中等、轻交通荷载条件下不低于 40 MPa；重交通荷载条件下沥青路面不低于 50 MPa，水泥路面不低于 60 MPa。

4　表 3.4.3 参照现行上海市工程建设规范《道路路基设计规范》DG/TJ 08—2237 中对应轻、中等及重交通的设计标准。表列压实度系按现行行业标准《公路土工试验规程》JTG E40 重型击实试验所得最大干密度求得的密实度。

3.5　路　面

3.5.1　路面应符合下列规定：

3　“特殊情况”包括：经过集中工业用地、沿线地块仍处于开发中的农村公路城镇段，日常农业生产活跃、通行大型农机的农村公路村庄段和郊野段。

5 旧料的循环利用包括：旧路面材料的再生、再利用；建筑旧料在混凝土浇筑中的综合利用；结构物拆除构件的再生利用等。

3.5.2 新建路面结构应符合下列规定：

1 上海市农村公路新建路面结构组合可参考表 1。路面结构的荷载交通等级按照现行行业标准《公路沥青路面设计规范》JTG D50 和《公路水泥混凝土路面设计规范》JTG D40 确定。

表 1 新建路面结构组合要求

公路等级	沥青路面		水泥路面	
	重交通	中等、轻交通	重交通	中等、轻交通
三级公路	4 cm SMA-13 (SBS 改性沥青) 8 cm AC-25C 36 cm 水稳碎石 15 cm 级配碎石	4 cm AC-13C (SBS 改性沥青) 6 cm AC-20C 32 cm 水稳碎石 15 cm 砂砾石	24 cm 水泥混凝土 (应配筋) 20 cm 水稳碎石 15 cm 砂砾石	20 cm 水泥混凝土 (宜配筋) 20 cm 水稳碎石 15 cm 砂砾石
四级公路	4 cm AC-13 (SBS 改性沥青) 8 cm AC-25C 35 cm 水稳碎石 15 cm 砂砾石	4 cm AC-13C 6 cm AC-20C 30 cm 水稳碎石 15 cm 砂砾石	22 cm 水泥混凝土 (宜配筋) 20 cm 水稳碎石 15 cm 砂砾石	18 cm 水泥混凝土 18 cm 水稳碎石 10 cm 砂砾石

3.5.3 改扩建路面结构应符合下列规定：

2 使用沥青混凝土加铺方案时，应符合下列要求：

1) 旧水泥混凝土路面改建为沥青路面，改建结构可参考表 2 的结构组合。旧水泥混凝土路面无法利用的，按新建路面选择结构组合形式。

表 2　旧水泥混凝土路面改建为沥青路面结构组合

公路等级	改建结构组合	
	重交通	中等、轻交通
三、四级公路（有基层）	4 cm AC-13C 6 cm AC-20C 8 cm AC-25C 应力吸收层/共振碎石化 旧水泥路面利用	4 cm AC-13C 6 cm AC-20C 应力吸收层/共振碎石化 旧水泥路面利用
三、四级公路（无基层）	4 cm AC-13C 6 cm AC-20C 8 cm AC-25C 32 cm 水泥稳定碎石 旧水泥路面利用	4 cm AC-13C 6 cm AC-20C 20 cm 水泥稳定碎石 旧水泥路面利用

3）减缓反射裂缝的措施主要包括：增加沥青加铺层的厚度；在加铺层沥青混合料中掺加纤维及橡胶等改性剂；在旧混凝土板顶面或加铺层内设置应力吸收层、聚酯玻纤布或者土工织物夹层；沥青加铺层下层采用大粒径沥青碎石等。

3.6　排　水

3.6.1　排水应符合下列规定：

2　农村公路在村庄段、城镇段的排水设计，应考虑与既有排水管道系统的关系。

3.7　桥　涵

3.7.1　桥涵应符合下列规定：

5　上海的自来水水源地有 4 个，分别是长江青草沙、东风西沙、陈行和黄浦江金泽。该区域内的公路桥梁应考虑运营期间水体安全，应进行特殊研究，避免污染物排入水体。

9 高速公路、一级公路建设过程中，一般会综合考虑横向通道建设。因此，常规通道桥一般会由高等级道路负责代为实施。

3.7.2 桥涵位置应符合下列规定：

3 根据上海市水务局对河道管理的要求，跨越规划河道一般均采用桥梁跨越。对于非规划保留河道，为疏浚方便，一般要求采用箱涵。上海市水网较多，当桥梁距离较近时，为满足河道要求，路基填土高度较大，工后沉降控制较为困难。因此，提出构筑物间距要求，提供运行的舒适性。

3.7.5 桥梁设计荷载应符合下列规定：

1 本款参照现行行业标准《小交通量农村公路技术标准》JTG 2111 执行，较原设计标准适当提高。

2 人群荷载按照现行行业标准《公路工程技术标准》JTG B01 执行。

3.7.6 桥涵主体结构应符合下列规定：

1 除了黄浦江、长江等大型河流不会专门架设桥梁通过外，上海市农村公路对于一些航道上的桥梁还是有跨越需求的。这些Ⅲ、Ⅳ级航道上的桥梁，其规模可能会达到大桥标准。考虑养护条件的限制，推荐采用混凝土连续梁桥。对于钢结构桥梁、系杆拱桥等桥型，应对耐久性进行充分论证。

2 对于中、小跨径的结构选择做了常规性描述。

3 按照上海市目前的实际状况补充了大、中桥下部结构要求。

4 考虑农村公路路堤较低的特性，箱涵选择时，可以设计成裸涵，但一般不能因设置涵洞而提高路面标高。

3.7.7 桥涵附属结构应符合下列规定：

本条为新增条目。

1 桥面铺装是保证道路运行状态的保证。目前，上海市的新建道路多采用沥青混凝土面层。条文规定了桥梁沥青混凝土铺装的厚度；强调了桥面防水层及防水混凝土调平层，增加了结构的耐久性。

2 随着社会经济的发展，新建中、小桥梁多采用橡胶支座，大桥一般会采用盆式支座。原有的油毡支座桥梁也面临着改建或者维修，其支撑条件应进行改善。由于桥梁的设计使用年限多大于支座的使用寿命，应考虑在服役期内进行支座更换的需求。梁底到盖梁、台帽顶面的距离应适应千斤顶操作空间。对于16 m及以下跨径桥梁净高采用15 cm，20 m～40 m跨径桥梁建议采用25 cm，大桥宜按照吨位进行考虑。

3 目前，桥梁一般选择型钢伸缩缝、梳形板伸缩缝。

4 公路桥梁多采用直排式。为方便桥梁排水，对于长度较大的桥梁，建议采用沥青碎石盲沟。

5 桥梁桥头的边坡防护是保证桥梁使用的重要措施。条文补充了踏步检修道的要求。上海市目前浆砌块石材料来源比较紧张，提出现浇混凝土的替代方案。

6 防撞护栏要求按照现行行业标准《公路交通安全设施设计规范》JTG D81执行。

3.7.8 桥涵改扩建应符合下列规定：

本条为新增条目。

上海市农村公路建设也存在扩容、提升的问题。对于现有桥梁，应尽可能利用现有设施。老桥利用必须以检测报告作为基础资料，确保结构的安全。

3.9 交通安全设施

3.9.2 交通标志应符合下列规定：

6 里程碑、百米桩的设置应符合下列要求：

1) 里程碑的上排应为路线编号，按上海市公路命名编号规则，由一位字母标识符和三位数字编号组配而成；县、乡、村道的字母标识符分别为“X”“Y”“C”；字母和数字的高度为 5 cm，宽度为 3 cm（数字“1”除外），间隔为 1 cm，居中设置。

里程碑的中部应为里程数，在凹框内上下、左右均应居中设置；里程数字的高度应为 15 cm，一位和二位里程数字的宽度应为 9 cm（数字“1”除外），间隔为 2 cm；三位里程数字的宽度应为 7.5 cm（数字“1”除外），间隔为 1.5 cm。

里程碑的埋深应为基座或硬化分隔带上平面以下 40 cm，如图 5 所示。

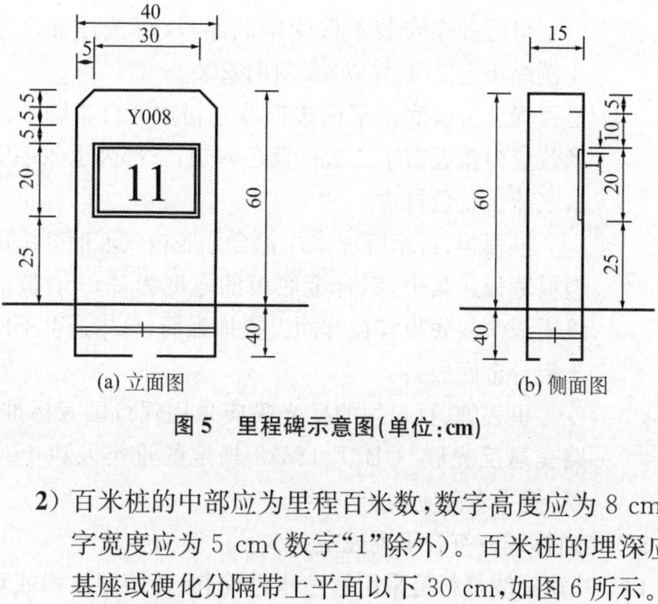

图 5　里程碑示意图（单位：cm）

2） 百米桩的中部应为里程百米数，数字高度应为 8 cm，数字宽度应为 5 cm（数字“1”除外）。百米桩的埋深应为基座或硬化分隔带上平面以下 30 cm，如图 6 所示。

3） 设置在路肩上的里程碑、百米桩应按规定设置 C20 基座。里程碑基座应为 100 cm×100 cm×15 cm（路肩宽度小于 100 cm 时，基座与路肩等宽，但不应小于 60 cm），埋深为 5 cm；百米桩基座应为 50 cm×50 cm×15 cm，埋深为 5 cm。

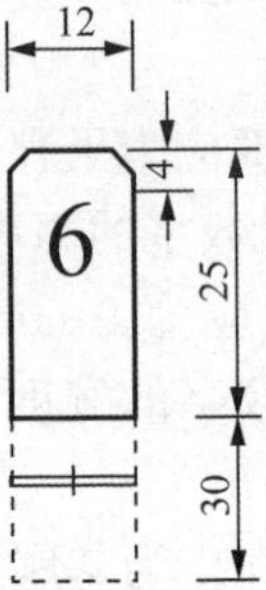

图 6　百米桩示意图(单位:cm)

里程牌在安装条件受限的路段,可按标准尺寸等比例缩小至 2/3,并以 45°斜向安装。

4) 里程牌应为蓝底白字白边框蓝色衬边。百米牌上部百米数应为蓝底白字白边框蓝色衬边,下部公里数字应为白底蓝字蓝色衬边。

里程牌、百米牌应采用铝合金底板或玻璃纤维增强塑料底板。其中,铝合金底板的厚度为 2 mm;玻璃纤维增强塑料底板宜在背面设置加强筋,总体强度不应低于铝合金底板。

里程牌、百米牌的反光膜应采用现行国家标准《道路交通反光膜》GB/T 18833 规定的Ⅲ类及以上反光膜,使用寿命应大于10 年。

3.9.3 交通标线应符合下列规定:

14 减速标线材料可采用彩色水性涂料、热熔型涂料或双组分涂料;当采用震荡标线时,突起部分厚度不应小于 8 mm。

15 下立交易积水路段注意危险标志可参照图 7 和图 8 设置,也可采用电子显示屏形式。

3.9.4 护栏和栏杆应符合下列规定:

1 净区宽度计算方法应符合行业标准《公路交通安全设施

图 7　积水警戒线、积水禁行线示意图

图 8　积水路段注意危险标志示意图

设计规范》JTG D81—2017 附录 A 的规定。

公路有景观设计需求时，可使用特殊设计的护栏，如钢木护栏，但护栏的防护等级及性能应满足现行行业标准《公路护栏安全性能评价标准》JTG B05—1 的规定。

3.9.5　视线诱导设施应符合下列规定：

4　道口标柱是设在公路沿线较小交叉路口两侧标明平面交叉位置的设施。标柱宜高出地面 80 cm，高出地面一律涂（贴）以间距为 20 cm，顶端为红色的红白相间油漆或反光膜，如图 9 所示。

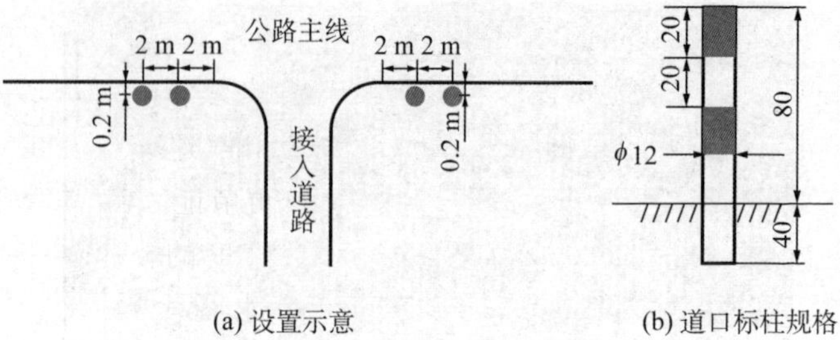

图 9　道口标柱设置示例(单位:cm)

3.9.6　其他交通安全设施应符合下列规定:

4　可根据村庄类型,设置不同材质的村名牌,历史文化保护村宜设置仿木或石质村名牌。

3.10　沿线其他设施

3.10.2　服务设施应符合下列规定:

3　有省际客运汽车通行的路段,可临时使用公交停靠站进行上下客。

4　上海市农村公路驿站在面向公众时,可根据其所在的村镇地名或其所结合的设施名称,命名为"××公路驿站"。

3.10.3　管理设施应符合下列规定:

道班房的规划和设置原则上应纳入所属区域的城镇专业规划及控详规划。道班房选址以规划绿带以及立交范围为主,也可利用市政用地(红线、绿线内)、结构绿地以及开发地块内的市政用地。跨河及高架桥梁下方,净空高度及面积足够,出入便捷、安全的,可利用桥下空间设置道班房,但不得影响桥梁检测、养护维修、使用功能和运行安全。

农村公路养护道班房宜设置在每个养护标段适中位置,包含养护、办公以及后勤三类功能。

道班房建筑设计应符合现行国家标准《民用建筑设计统一标准》GB 50352 和《建筑照明设计标准》GB 50034 及其他相关标准的相关规定,外观和色彩设计应采用统一规格,与周边环境协调。给水排水管的材料及配件应符合现行国家标准《建筑给水排水设计标准》GB 50015 的相关规定。道班房建筑节能设计应符合现行国家标准《公共建筑节能设计标准》GB 50189 的相关规定。节水设备应符合现行行业标准《节水型生活用水器具》CJ/T 164 的规定。消防器材配置应符合现行国家标准《建筑灭火器配置设计规范》GB 50140 的相关规定。

4 养 护

4.1 一般规定

4.1.2 日常养护应符合下列规定：

2 上海市地方标准《公路路面养护技术规范》DB31/T 489—2010中第8.2.2条规定了公路日常巡查的内容、频率、方法及装备。对三级、四级公路巡查频率的要求是每周2次。本标准在此基础上，对县、乡、村道的日常巡查频率进行了细分，对三级公路县道的巡查频率要求提高至1次/2日，对四级公路村道的巡查频率要求降低至1次/周，并要求城镇段应适当增加巡查次数，对特殊路段或遇有恶劣天气应适当加大巡查频率。

4.3 路 面

4.3.1 路面养护应符合下列规定：

上海市地方标准《公路路面养护技术规范》DB31/T 489—2010中第8.3.1条规定了路面日常清扫的内容、频率、方法及装备。日常清扫的作业频率应根据路面污染程度、交通量大小及其组成、气候及环境条件等因素而定，二级及二级以上公路路面的清扫作业频率不宜少于每天1次，三级公路不宜少于每2天1次，四级公路不宜少于每周1次；路面污染程度严重的应适当加大清扫频率；清扫时间应避开流量高峰时段。本标准在此基础上根据县道、乡道、村道、是否为城镇段进行了细分，编制了表4.3.1。

4.3.2 路面基层养护应符合下列规定：

5 路面基层混凝土修补法见第4款1)项，路面基层再生法见第4款3)项。

9 路面基层就地再生工艺指把旧沥青路面面层、基层掺入一定数量、符合标准要求的水泥(或稳定剂、集料),按照设定的厚度,用冷再生机进行破碎拌和处理后,整形、碾压,并经后期养生,使其达到设计路面基层或底基层技术指标要求的施工工艺。该工艺具有施工简便快速、充分利用旧路面层材料、保护环境、质量可靠、施工进度快、经济效益好等优点。

4.3.3 沥青路面养护应符合下列规定:

6 路面坑槽的维修应符合下列要求:

冷补法工艺:先测定坑槽的深度,划出切槽修补的范围;采用液压风镐切槽,槽壁要垂直,并开凿到稳定部分,用高压风枪将槽底、槽壁的废料及粉尘清除干净;用烘灯(烘枪)烘干槽底、槽壁,并在其表面均匀喷洒一薄层黏层油;将冷料填补至坑槽中(视坑槽深度决定是否分层填补,一般深度大于6 cm宜按双层填补),合理控制虚铺厚度(新填补部分不应低于原路面,可按松铺系数1.2控制),并用振动压路机将填补部分压实平整(先压四边,并逐步向中间碾压)。

热补法工艺:根据路面坑槽修补范围,确定热辐射加热板加热区域;将加热板调整到离路表面15 cm~20 cm,加热待修补的区域3 min~5 min,使被修补区域路面软化;用热铁耙将加热区域的路面耙松(由四周向中间方向耙松,并尽可能将被加热区域四边耙成与路面标线平行或垂直);向耙松的混合料喷洒乳化沥青,使旧沥青混合料就地热再生;从路面综合修补车的热料仓中输出新的热料至修补处;搅拌、摊平混合料,并用随车振动压路机由四周向中间碾压密实平整。对于已发生唧浆的地方,修补的方法同路面坑槽修补方法,但应将松软的基层挖掉,将坑槽烘干,并采用与基层材料相同的材料或直接采用沥青混合料先将坑槽填补至基层顶面标高,然后再按路面坑槽修补方法修补。

15 沥青路面预防养护是在路面结构强度足够，路面状况尚好时就对路面有计划的采用养护措施，达到保持或提高路面使用性能、延长路面使用寿命和减少路面周期养护经费的目的。

4.3.4 水泥混凝土路面养护应符合下列规定：

8 拱起的维修应符合下列要求：

砂粒式沥青混凝土填补工艺：在砂粒式沥青混凝土填补前应清除路面杂物和灰尘，并喷洒一层热沥青或乳化沥青，沥青用量为 0.4 kg/m^2～0.6 kg/m^2；修补面纵坡控制在 1%以内；砂粒式沥青混凝土填补后，宜用轮胎压路机碾压；对接缝重新处理并灌缝；初期应控制车辆慢速通行。

水泥混凝土修补工艺：将错台下沉板凿除 2 cm～3 cm 深，修补长度按错台高度除以坡度(1%)计算；清除凿除面的杂物和灰尘；浇筑聚合物细石混凝土；对接缝重新处理并灌缝；混凝土达到通车强度后，即可开放交通。

10 水泥路面填缝材料分为加热施工式填缝料和常温施工式填缝料。其中，加热施工式填缝料包括聚乙烯胶泥、橡胶沥青等，常温施工式填缝料包括聚氨酯焦油、灌缝胶等。

4.3.7 旧料利用应符合下列规定：

沥青路面旧料回收再生利用包括厂拌热再生、就地热再生、厂拌冷再生和就地冷再生四类。再生技术具有不同的适用范围，应用时应根据工程实际情况选择最适宜的再生技术种类。

4.5 桥 涵

4.5.1 桥涵养护应符合下列规定：

7 采用撒盐或融雪剂等方法清除桥面积雪时，需避免使用氯盐对桥面造成侵蚀。

4.5.2 桥梁检查与评定应符合下列规定：

4 特殊检查应采用仪器设备，通过检测或试验的方法，并结合理论分析，对桥梁的缺损状况、损坏成因、承载能力或抗灾能力做出科学明确的判定，并根据检测结果提出针对性的维修处治措施建议。

5 技术管理

5.2 工程验收

5.2.1 新建及改扩建建设工程验收应符合下列规定：

1 农村公路新建及改扩建工程验收应参照交通运输部《公路工程竣(交)工验收办法》(中华人民共和国交通部令 2004 年第 3 号)及《关于印发公路工程竣交工验收办法实施细则的通知》(交公路发〔2010〕65 号)的要求，结合上海市工程建设项目的要求及相关法律法规的规定执行。

5.3 竣工档案

5.3.2 竣工档案应符合下列规定：

1 农村公路竣工档案是农村公路建设工程项目在实施的全过程中项目法人、勘察设计单位、施工单位和监理单位依据《公路工程竣(交)工验收办法》(中华人民共和国交通部令 2004 年第 3 号)所做的文字记录、图纸、表格、音像等应归档的资料；是对工程进行管理、使用、检查、维修和改建的依据。

2 行业标准《公路养护工程质量检验评定标准　第一册　土建工程》JTG 5220—2020 附录 K.3 竣工资料检查用表是根据《关于贯彻执行公路工程竣交工验收办法有关事宜的通知》(交公路发〔2004〕446 号)附件二的基本要求，结合养护工程的特点制定的。

上海市工程建设规范《公路养护工程质量检验评定标准(土建工程)》DG/TJ 08—2144 附录 J.3 工程竣工资料检查内容和要

求是根据《关于贯彻执行公路工程竣交工验收办法有关事宜的通知》(交公路发〔2004〕446 号)附件二的基本要求,结合大、中修工程的特点制定的;适用于上海市公路大、中修工程以及相当于大、中修的专项工程、抢修工程,小修工程可参照执行。

附录 A　日常巡查/养护记录表

本附录依据行业标准《农村公路养护技术规范》JTG/T 5190—2019 附录 A,结合上海市农村公路基本情况编制。

附录 B　农村公路建设工程竣工资料归档内容及收集整理的责任单位一览表

本附录依据《公路工程竣(交)工验收办法实施细则》(交公路发〔2010〕65 号)附件 2 的基本要求编制。